Der Standesbeamte.

Praktische Anleitung

zum

Vollzuge des Reichsgesetzes vom 6. Februar 1875
über die Beurkundung des Personenstandes und die Eheschließung

und des

Bayerischen Verehelichungsgesetzes vom 16. April 1868.

Für Standesbeamte und Bürgermeister der Landgemeinden

des

rechtsrheinischen Bayern

bearbeitet von

Georg Kolb.

Mit 129 Beispielen.

München 1896.
J. Schweitzer Verlag (Jos. Eichbichler).

Josef Deschler, München.

Vorwort.

Die richtige Führung der Standesregister und der sonstigen dem Standesbeamten obliegenden Geschäfte erfordern bei genauer Beachtung der einschlägigen Gesetze und Verordnungen eine längere Praxis. In beider Hinsicht soll sich dieses Werkchen dienstbar beweisen: Durch eine einfache übersichtliche Darstellung und Gruppierung der ganzen Gesetzesmaterie ist das Studium derselben wesentlich erleichtert und die zahlreichen, dem Texte beigegebenen Beispiele veranschaulichen die praktische Anwendung der verschiedenen gesetzlichen Bestimmungen. Der den Abschnitten angefügte Hinweis auf die einschlägigen gesetzlichen Bestimmungen gestattet ein rasches Nachschlagen behufs eingehender Orientierung und der Terminkalender dient der pünktlichen Geschäftsführung.

Da im rechtsrheinischen Bayern die Bestimmungen über Verehelichung sich nach dem Gesetze über „Heimat, Verehelichung und Aufenthalt vom 16. April 1868“ richten und daneben auch das Personenstandsgesetz vom 6. Februar 1875 Geltung hat, so wurden die ersteren gleichfalls in entsprechender Weise aufgenommen. Der Vollzug des bayerischen Verehelichungsgesetzes obliegt zwar den Gemeindeverwaltungen bezw. Bürgermeistern, da aber gewöhnlich das Bürgermeisteramt mit dem Standesamt

Inhaltsverzeichnis.

Die Beurkundung des Personenstandes und die Eheschließung.

A.

Allgemeine Bestimmungen.

B.

Beurkundung der Geburten.

C.

Eheschließung.

I. Allgemeine Bestimmungen.

II. Besondere Bestimmungen.

III. Verfahren vor der Eheschließung.

b. Die Beurkundung.

c. Nach der Beurkundung.

D.

Beurkundung der Sterbefälle.

E.

Beurkundung des Personenstandes der auf See befindlichen Personen.

F.

Die standesamtliche Registratur.

G.

Besondere Geschäfte des Standesbeamten.

H.

Gebühren und Strafen.

Anhang.

Abkürzungen.

A. Bl. = Amtsblatt des Ministeriums des Innern.

Gef. Bl. = Gesetzblatt.

H. G. = Heimatgesetz (Gesetz über Heimat, Verehelichung und Aufenthalt vom 16. April 1868).

Kr. A. Bl. = Kreisamtsblatt.

Kr. M. R. = Kriegsministerial-Rescript.

M. E. = Ministerialentschließung.

M. Bek. = Ministerial-Bekanntmachung.

P. G. = Personenstandsgesetz (Reichsgesetz über die Beurkundung des Personenstandes und die Eheschließung vom 6. Februar 1875).

R. G. = Reichsgesetz.

R. G. Bl. = Reichsgesetzblatt.

R. St. P. O. = Reichsstrafprozeßordnung.

V. Bl. = Gesetz- und Verordnungsblatt.

V. O. = Verordnung.

M E. 5./12./75 IV 5 A. Bl. 687 = Ministerialentschließung vom 5. Dezember 1875 Abschnitt IV Ziffer 5 Amtsblatt des Ministeriums des Innern Seite 687.

Die Beurkundung des Personenstandes und die Eheschließung.

A.

Allgemeine Bestimmungen.

1. Durch das Reichsgesetz über die Beurkundung des Personenstandes und die Eheschließung vom 6. Februar 1875 wird die Beurkundung von Geburten, Heiraten und Sterbefällen durch staatliche Organe im deutschen Reiche eingeführt.

P. G. vom 6./2./75 R. G. Bl. 23.
Ausführungsbestimmung des Bundesrates vom 22./6./75 A. Bl. 593.
Vollzugsinstruktion M. E. 5./12./75 A. Bl. 675.
Zuständigkeitsverordnung für Bayern: 14./10./75 A. Bl. 633.

2. Zur Vornahme dieser Beurkundung sind besondere Standesbeamte aufgestellt, deren Wirkungskreis sich auf einen Standesamtsbezirk erstreckt, den gewöhnlich eine politische Gemeinde bildet. Derselbe kann auch mehrere politische Gemeinden umfassen und bildet dann einen combinierten Standesamtsbezirk; ebenso können größere Gemeinden in mehrere Bezirke geteilt werden. Die Bildung der Bezirke erfolgt durch die höhere Verwaltungsbehörde, d. i. die Kreisregierung.

§ 1 u. 2 des P. G.
Bildung der Standesamtsbezirke M. E. 19./10./75 A. Bl. 509.

3. Für jeden Standesamtsbezirk ist ein Standesbeamter und mindestens ein Stellvertreter zu bestellen. Der Stellvertreter nimmt in Verhinderungsfällen des Standesbeamten die Geschäfte wahr. Sind Standesbeamter und Stellvertreter gleichzeitig verhindert, so kann die Aufsichtsbehörde die einstweilige Beurkundung dem benachbarten Standesbeamten oder seinem Stellvertreter übertragen.

Geistlichen oder anderen Religionsdienern (der Juden und Dissidenten) darf das Amt eines Standesbeamten oder Stellvertreters nicht übertragen werden.

Nur in Grenzpfarreien, deren Bezirk sich ins Ausland erstreckt, ist den Geistlichen gestattet, für Angehörige des Auslands seiner Pfarrei die Beurkundung der Geburten, Sterbefälle und der Eheschließung vorzunehmen.

In jeder politischen Gemeinde ist der Bürgermeister der berufene Standesbeamte, der Beigeordnete dessen Stellvertreter. Derselbe ist jedoch berechtigt, anderen Gemeindebeamten diese Geschäfte widerruflich zu übertragen. Die von der Gemeindebehörde angestellten besonderen Standesbeamten und deren Stellvertreter bedürfen der Genehmigung der höheren Verwaltungsbehörde (Kreisregierung).

Die Standesbeamten und deren Stellvertreter für combinierte Standesamtsbezirke (s. Ziff. 2) werden von der höheren Verwaltungsbehörde bestellt und sind die Bürgermeister und Beigeordneten der einzelnen zum Bezirke gehörenden Gemeinden zur Uebernahme dieses Amtes verpflichtet.

§§ 3, 4, 5 u. 6. des P. G.
Vergl. V. O. vom 14./10./75 V. Bl. 623.

4. Die Standesbeamten sind berechtigt, für ihre Geschäftsführung eine Entschädigung zu verlangen. Dieselbe wird von dem Gemeindeausschuß (Magistrat) gemäß Art. 132 der Gemeindeordnung festgesetzt und aus der Gemeindekassa bezahlt.

Die Besoldung für Standesbeamte der combinierten Standesamtsbezirke wird von der unteren Verwaltungsbehörde (Bezirksamt) als Pauschalbetrag festgesetzt und auf die einzelnen Gemeinden nach Verhältnis ihrer Seelenzahl (nicht Steuersoll!) verteilt.

In gleicher Weise sind die entstehenden sachlichen Kosten zu decken, wenn nicht dem Standesbeamten der combinierten Standesamtsbezirke vertragsmäßig zur Pflicht gemacht wurde, dieselben aus dem ihm als Besoldung gewährten Pauschalbetrag selbst zu bestreiten.

Werden von der höheren Verwaltungsbehörde andere als die gesetzlich verpflichteten Personen zu Standesbeamten oder deren Stellvertretern ernannt, dann fallen etwaige persönliche Entschädigungen der Staatskassa zur Last.

§§ 7, 8 u. 9. des P. G.

5. Die Standesbeamten unterstehen der unteren Verwaltungsbehörde; dieselbe ist befugt, gegen den Standesbeamten Warnungen, Verweise und Geldstrafen bis zu 100 Mark zu verhängen.

Verweigert der Standesbeamte die Vornahme einer Amtshandlung, insbesondere die Schließung einer Ehe, so kann auf Antrag der Beteiligten derselbe vom Gerichte dazu angehalten werden. Zuständig ist das Gericht erster Instanz (Amtsgericht), in dessen Bezirk der Standesbeamte seinen Amtssitz hat.

§ 11 des P. G.

6. Die Hauptaufgabe des Standesbeamten besteht in der Führung der Geburtsregister (Form. A), Heiratsregister (Form. B) und Sterberegister (Form. C) (*B. Nr.* 1—3).

§ 12 des P. G.

7. Bei den standesamtlichen Eintragungen muß der Standesbeamte (Stellvertreter) persönlich anwesend sein; es ist jedoch nicht Pflicht desselben, die Niederschrift auch selbst vorzunehmen, sondern es kann sich derselbe hiezu eines Schreibgehilfen bedienen. Der Standesbeamte hat jedoch die Urkunde zu unterzeichnen, der Schreibgehilfe nicht.

Vergl. M. E. 5./12./75 V A. Bl. 688 und M. E. 7./2./78 A. Bl. 36.

8. Bei mündlichen Anzeigen hat der Standesbeamte zunächst festzustellen, ob die vor ihm erschienene Person mit der in der Urkunde benannten übereinstimmt und ob dieselbe ihm persönlich bekannt ist. Im verneinenden Falle muß dieselbe durch eine andere ihm von Person (nicht bloß dem Namen nach!) bekannte Persönlichkeit anerkannt werden; beides ist in der aufzunehmenden Urkunde zu konstatieren. (*B. Nr.* 4).

Ist die Beibringung eines Identitätszeugen nicht möglich, so kann die erschienene Person ihre Identität auch durch Legitimationspapiere, z. B. Militärpaß, Heimatschein u. s. w. nachweisen. Die Art dieses Nachweises ist gleichfalls in der aufzunehmenden Urkunde ersichtlich zu machen. (*B. Nr.* 4).

Vergl. M. E. 5./12./75 I 9 A. Bl. 678.

9. Die Eintragungen erfolgen in den hiezu bestimmten Registern unter fortlaufenden Nummern, so zwar, daß die erste Eintragung eines jeden Jahres die Nummer „1" erhält.

§ 13 Abs. I des P. G.

10. Alle auf mündliche Anzeige oder Erklärung erfolgenden Eintragungen sollen enthalten:

1. Den Ort und den Tag der Eintragung,
2. Stand oder Beruf und Vor- und Zunamen der Erschienenen,
3. Den Vermerk des Standesbeamten, daß und auf welche Weise er sich die Ueberzeugung von der Persönlichkeit der Erschienenen verschafft hat (*B. Nr.* 4),
4. Den Vermerk, daß die Eintragung den Erschienenen vorgelesen und von denselben genehmigt ist (*B. Nr.* 5 und 6),
5. Die Unterschrift der Erschienenen und falls sie des Schreibens unkundig (*B. Nr.* 5), oder zu schreiben verhindert (*B. Nr.* 6) sind, ihr Handzeichen oder die Angabe des Grundes, aus welchem sie dieses nicht beifügen konnten,
6. Die Unterschrift des Standesbeamten, bezw. bei seiner Vertretung durch den Stellvertreter jene des Stellvertreters (*B. Nr.* 6 *a*).

§ 13 Abs. II des P. G.

11. Die auf schriftliche Anzeige erfolgenden Eintragungen sind unter Angabe von Ort und Tag der Eintragung am Rande zu bewirken; der nicht benützte Vordruck ist zu durchstreichen, die gestrichene Zeilenzahl am Schlusse der Urkunde zu bestätigen und diese bloß vom Standesbeamten zu unterzeichnen. Für schriftliche Anzeigen ist besonderes Formular vorgeschrieben und dürfen solche Anzeigen nur bei Geburten oder Sterbefällen in öffentlichen Anstalten und Kasernen oder bei amtlicher Ermittlung eines Todesfalls und bei Auffindung eines neugeborenen Kindes erfolgen (§§ 20, 58 und 24 d. P. G.); vergl. B 4 und D 6 und die hiezu gehörigen *B. Nr.* 35 und 105.

§ 13 Abs. III des P. G.

Eintragung einer schriftlichen Anzeige: M. E. 5./12./75 I 10 u. 11 A. Bl. 678 und M. E. 20./10./76 abgedr. Kr. A. Bl.

Anstalten, welche zu schriftlichen Anzeigen berechtigt sind: M. Bek. 13./12./75 A. Bl. 713 und M. E. 10./3./76 A. Bl. 141 und Kr. M. R. 26./12./75. A. Bl. von 1876 St. 17.

12. Die Eintragungen müssen ohne jede Abkürzung von Wörtern erfolgen; z. B. nicht „u." für „und", „u. sr." für „und seiner", „†" für „verstorben", „Joh." für „Johann", „Gg." für „Georg", „Mich." für „Michael", „Kgl." für „Königlich."

Dagegen können die Abkürzungen „geb." für „geborne" bei Anführung des Geburtsnamens von Frauen und „Nr." für „Nummer" in Haus-Nr. angewendet werden, weil sie sich auch in den Beispielen der Ausführungsverordnung finden.

Vergl. M. E. 5./12./75 I 2 A. Bl. 676.

13. Die wichtigsten Zahlenangaben sind mit Buchstaben zu schreiben; z. B. bei Geburten und Sterbefällen werden mit Ziffern geschrieben: Datum der Eintragung; mit Buchstaben dagegen: Zeit der Geburt und des Todes und das Alter der Verstorbenen, sowie alle Zeitangaben bei Beurkundung einer Eheschließung.

Jahrzahl, welche mit „0" endet: M. E. 2./12./89 A. Bl. 383.

14. Die Tageszeit ist immer mit „vormittags" oder „nachmittags" zu bestimmen, so zwar, daß die Zeit von nachts 12 Uhr (einschließlich) bis mittags 12 Uhr (ausschließlich) mit „vormittags", die Zeit von mittags 12 Uhr (einschließlich) bis nachts 12 Uhr (ausschließlich) mit „nachmittags" bezeichnet wird.

15. a) Der Standesbeamte hat auf Richtigkeit und Vollständigkeit der Anzeige besonders zu dringen und steht ihm benötigtenfalls das Recht der Strafeinschreitung nach § 78 Abs. III des P. G. zu. Ergeben sich Unrichtigkeiten oder Unvollständigkeiten bei mündlicher Anzeige von Geburten oder Sterbefällen, so ist, wenn sich dieselben durch vorhergehende Verhandlungen innerhalb der gesetzlichen Anzeigefrist nicht beseitigen lassen, die Eintragung

dessen ungeachtet vorzunehmen und ist, soweit bestimmte Angaben nicht gemacht werden können, das Wort „unbekannt" zu setzen. (*B. Nr.* 7a und *B. Nr.* 103).

b) Wie der Standesbeamte auf vollständige und erschöpfende Anzeige zu dringen hat, so hat er zugleich bei der Beurkundung alles Unnötige, nicht in die Urkunde Gehörende weg zu lassen. Hiezu sind zu rechnen: Wiederholung des bereits in der Urkunde vorher Gesagten, Aufnahme von nach den gesetzlichen Bestimmungen nicht in die Urkunde gehörenden Angaben, sowie die Höflichkeitsbezeichnungen „Fräulein, Frau, Herr". Die Bezeichnung „Frau" und „Fräulein" kann nach den Beispielen der Ausführungsverordnung jedoch vor dem Namen der Hebamme oder einer sonstigen dritten Person bei der Bestätigungsklausel über die persönliche Anwesenheit derselben bei der Geburt angewendet werden, um hiedurch den Familienstand der Anzeigenden, ob verheiratet oder ledig, zum Ausdruck zu bringen.

c) Bei adeligen Personen sind die betreffenden Adelsprädikate vollständig anzuführen, bei Frauen außer dem Familiennamen stets noch der Geburts- (Mädchen-) Name, bei Witwen der Zuname zur Zeit des letzten Witwenstandes.

d) Die Bezeichnung des Standes oder Gewerbes ist bei allen in der Urkunde aufgeführten Personen nicht zu übersehen. Ist dagegen der Stand oder das Gewerbe des Ehemannes oder Vaters, bezw. Familienoberhauptes in der Urkunde bereits angegeben, dann ist die Standesbezeichnung für die in gleicher Urkunde benannten Ehefrauen oder Kinder überflüssig. (*B. Nr.* 8).

Personen, welche noch keinen eigenen Stand haben, z. B. Söhne und Töchter, teilen jenen des Vaters, uneheliche Personen jenen der ledigen Mutter. Die Bezeichnung „Kind" ist unzulässig; dagegen ist in allen Fällen die Bezeichnung „Sohn" und „Tochter" anzuwenden.

e) Bei eintretender Aenderung in den persönlichen Verhältnissen einer Person, z. B. Aenderung des Namens, Standes, Gewerbes, Familienstandes, Wohnortes oder der Religion, ist in den Urkunden immer nur der letzte Zustand zu berücksichtigen. Auf frühere Verhältnisse ist nur dann Bezug zu nehmen, wenn die Identität der Person außer allem Zweifel zu stellen ist.

f) Ist von den in der Urkunde aufgeführten Personen die eine oder andere bereits verstorben, so ist dieses mit dem Worte „verstorben" ersichtlich zu machen; daß eine Person am Leben sich befindet, wird in der Urkunde nicht besonders bemerkt.

g) Dem Geburts-, Wohn- oder Sterbeort ist, wenn einer derselben einem größeren Gemeindeverband angehört, vom Wohnsitz des Standesbeamten weit entfernt, bezw. in einem fremden

Verwaltungsbezirk liegt, oder des gleichen Namen es mehrere Orte gibt, der Name der Gemeinde, des Amtes, Kreises, oder auch Flusses, an dem er liegt, beizufügen. Dagegen bedürfen Ortsnamen, deren Lage allgemein bekannt ist, keiner näheren Bezeichnung. (*B. Nr.* 9).

h) Die Wohnung wird in größeren Orten und Städten mit besonderer Straßenbezeichnung mit der Angabe des Ortes, der Straße und der Hausnummer bezeichnet; in kleineren Orten ohne besondere Straßenbezeichnung genügt die Angabe des Ortes und der Hausnummer.

Hat der Anzeigende und die zur Anzeige gebrachte Person die gleiche Wohnung inne, dann genügt die einmalige genaue Wohnungsangabe beim Anzeigenden. (*B. Nr.* 10).

i) Bei Ausfüllung des vom Formular frei gelassenen Zwischenraumes ist zu beachten, daß die Niederschrift am Anfange des freien Raumes beginnt, daß dagegen jene Wörter, deren letzte Silbe, nämlich: -ten, -mittags, -lichen, -kannt, im Vordruck des Formulars sich findet, unmittelbar vor diese gedruckte Silbe zu schreiben sind.

16. Nach erfolgter Eintragung sind die unvermeidlichen Zwischenräume mit Strichen auszufüllen, so zwar, daß die Striche auch wirklich den Anfang und das Ende des Zwischenraumes verbinden und ein unbefugtes nachträgliches Einschreiben unmöglich ist. Zum Ziehen der Linien bedient man sich zweckmäßig eines Lineals, damit die Urkunde ein sauberes Aussehen erhält.

§ 13 Abs. I des P. G.
Vergl. M. E. 5./12./75 I 6 A. Bl. 678.

17. Zur sorgfältigen Registerführung gehört auch eine deutliche Schrift, hergestellt mit guter, haltbarer Tinte. Rasuren, das Zusammenkleben von Blättern, Nichtbeachtung oder Streichung des Vordruckes sind, weil verboten, zu unterlassen. Stellt sich gleichwohl die Notwendigkeit einer Berichtigung oder Ergänzung heraus, so kann diese nur durch besonderen Randvermerk bewirkt werden. (*B. Nr.* 7 c).

Berichtigende oder ergänzende Randvermerke dürfen im Hauptregister, sobald die Urkunde vom Standesbeamten unterzeichnet ist, nur auf amtliche (amtsgerichtliche) Anordnung bezw. Ermächtigung erfolgen. (§ 65 des P. G.) Zu diesem Zwecke ist das Kgl. Bezirksamt von der Unrichtigkeit, die berichtigt, oder Unvollständigkeit des Eintrages, die ergänzt werden soll, unter Vorlage einer beglaubigten Abschrift der betreffenden Urkunde (*B. Nr.* 11) in Kenntnis zu setzen und der richtige Sachverhalt, bezw. die notwendige Ergänzung zu berichten (*B. Nr.* 7b und 11a).

Der hiedurch bezirksamtlicherseits bewirkte amtsgerichtliche Auftrag an den Standesbeamten ermächtigt denselben zur Vornahme des fraglichen Randvermerks. (*B. Nr.* 7c und 11b).

Vor Unterzeichnung der Urkunde durch den Standesbeamten können Berichtigungen auf Antrag der Anzeigenden **ohne** amtliche Ermächtigung vom Standesbeamten vorgenommen werden. Diese Berichtigungen bilden einen Hauptbestandteil der Urkunde, sind von den Anzeigenden und Standesbeamten zu unterzeichnen und bedürfen im Nebenregister der besonderen Uebereinstimmungsklausel nicht. (*B. Nr.* 12).

Hat sich bei der Abschriftnahme der Urkunde im Nebenregister oder in einem Registerauszuge ein Schreibfehler eingeschlichen, dann kann diese Berichtigung vom Standesbeamten ohne vorherige Erholung einer gerichtlichen Ermächtigung sofort durch Randvermerk von ihm bewirkt werden und ist dieser Randvermerk, welcher lediglich die Form einer Konstatierung hat, von ihm allein zu unterzeichnen. (*B. Nr.* 13).

§ 13 Abs. IV des P. G.
Vergl. M. E. 5./12./75 I 2, 3, 4, 5 A. Bl. 676.

18. **Nach** der Beurkundung können Zusätze auf Antrag der Beteiligten in Form eines Randeintrages ohne amtliche Ermächtigung **nur**

1. bei Vaterschaftsanerkennungen (*B. Nr.* 46, 47, 51; auch 52),
2. bei nachträglicher Anzeige eines Vornamens (*B. Nr.* 36),
3. bei dem Vermerk, daß wegen eingetretenen Todes dem Kinde ein Vornamen nicht mehr gegeben wurde (*B. Nr.* 39)

gemacht werden.

Vergl. M. E. 5./12./75 I 4 u. 5. A. Bl. 677.

19. Außer den Hauptregistern hat der Standesbeamte Nebenregister zu führen, welche für jedes Jahr neu anzulegen sind. In diese ist am gleichen Tage, an dem die Eintragung im Hauptregister erfolgt, eine Abschrift der Eintragung überzutragen, welche von den Anzeigenden nicht zu unterschreiben ist; es genügt die Beglaubigung der Uebereinstimmung der Abschrift mit dem Originale durch Unterschrift des Standesbeamten (*B. Nr.* 36 u. a.).

Das Siegel, d. i. das Gemeindesiegel ist der Unterschrift nur bei Registerauszügen, (Bescheinigungen, Zeugnissen) und bei dem Abschlußvermerke im Haupt- und Nebenregister beizudrücken; bei allen anderen Einträgen und Randvermerken im Haupt- und Nebenregister hat die Beidrückung des Siegels zu unterbleiben.

Bei Anlage der Nebenregister ist darauf Bedacht zu nehmen, daß am Schlusse des Jahres nicht zu viele leere Blätter verbleiben, weswegen immer nur einige Nebenregisterbögen zur Verwendung kommen sollen.

§ 14 Abs. I des P. G.
Vergl. M. E. 5./12./75 I 12 A. Bl. 679.

20. Nachträglich im Hauptregister beigeschriebene Randvermerke sind auch nachträglich am gleichen Tage im Nebenregister beizusetzen, mit der Uebereinstimmungsbeglaubigung zu versehen und vom Standesbeamten (nicht aber von den Anzeigenden) zu unterschreiben. (*B. Nr.* 14; vergl. auch *B. Nr.* 36 u. 38).

§ 14 Abs. I des P. G.

Vergl. M. E. 5./12./75 I 12 A. Bl. 679.

Führung alphabetischer Namensverzeichnisse zum Nebenregister unnötig: M. E. 28./3./78, abgedr. Kr. A. Bl.

21. Nach Ablauf eines Kalenderjahres sind die Haupt- und Nebenregister am unteren Rande der letzten Urkunde abzuschließen, hiebei die Zahl der Einträge des abgelaufenen Jahres (mit Ziffern und Buchstaben) anzugeben und mit Unterschrift und Siegel des Standesbeamten zu versehen. (*B. Nr.* 15).

Die so abgeschlossenen Nebenregister sind ungeheftet und ungebunden innerhalb der ersten Januarwoche an das Kgl. Bezirksamt einzusenden.

§ 14 Abs. II des P. G.

Vergl. M. E. 5./12./75 I 13—17 A. Bl. 679.

Einsendung der Nebenregister: M. E. 11./1./92 A. Bl. 21.

22. Die gebundenen Hauptregister, welche in kleineren Standesamtsbezirken für mehrere Jahre angelegt bezw. ausreichend sind, werden bei Beendigung des Bandes — ohne Rücksicht auf die Zeit — ebenfalls abgeschlossen und ist hiebei die Zahl der letztjährigen Einträge sowie die Bandnummer anzugeben und auf die folgende Nummer des neuen Bandes hinzuweisen. (*B. Nr.* 15; II a).

Ein derartiger „Bandabschluß" wird selbstverständlich im Nebenregister nicht eingetragen. Fällt „Bandabschluß" und „Jahresabschluß" zusammen, so wird im Nebenregister bloß der „Jahresabschluß" vorgenommen, im Hauptregister werden beide „Abschlüsse" vereinigt. (*B. Nr.* 15; II b).

§ 14 Abs. II des P. G.

Vergl. M. E. 5./12./75 I 13—17 A. Bl. 679.

Verwendung eines Bandes für mehrere Jahre: M. E. 11./11./94 A. Bl. 410.

Die Hinausgabe der laufenden Hauptregister an Gerichte ist unzulässig: M. E. 23./2./79 abgedr. Kr. A. Bl.

23. Ist die Einsendung der Nebenregister ans Bezirksamt bereits erfolgt und im Hauptregister noch nachträglich zu einer Urkunde des Vorjahres oder eines früheren Jahrganges ein Randvermerk, z. B. bei Vaterschaftsanerkennung, Anzeige des Vornamens, zu machen, dann ist eine beglaubigte Abschrift der Urkunde mit dem Randvermerke dem Kgl. Bezirksamte einzusenden, welches die amtliche (amtsgerichtliche) Beisetzung des Randvermerks, zur betreffenden Abschrift im bereits eingesandten Nebenregister veranlaßt. (*B. Nr.* 14 u. 38).

§ 14 Abs. III des P. G.

24. Die Standesbeamten haben auf Antrag von Privatpersonen oder eines Amtes beglaubigte Auszüge nach Form. Aa, Bb und Cc (*B. Nr.* 16—18) zu erteilen und die Einsicht der Register, insbesondere Geistlichen, zu gestatten. In amtlichem Interesse und bei Unvermögen der Beteiligten erfolgt dies gebührenfrei, in anderen Fällen sind die festgesetzten Gebühren zu entrichten (Vergl. H Gebührentarif).

Die Auszüge aus den Standesregistern haben mit dem Originale übereinzustimmen. Es ist jedoch in die Auszüge unter Weglassung der bei der Vornahme der Eintragung am Rande vermerkten Zusätze, Löschungen oder Abänderungen nur der berichtigte Wortlaut der Eintragung aufzunehmen. (Vergl. hiezu *B. Nr.* 19 als Abschrift des ergänzten Eintrages von *B. Nr.* 7).

In den Fällen, in welchen die Eintragung eines Geburts- oder Sterbefalles auf grund einer schriftlichen Anzeige oder Mitteilung einer Behörde erfolgt ist (§§ 20, 24, 58 u. 62 des P. G.), sowie bei Anzeige eines totgebornen oder in der Geburt verstorbenen Kindes (§ 23) dürfen bei Erteilung von Registerauszügen die für die letzteren bestimmten Formulare Aa, und Cc, nicht benutzt werden, sondern gewöhnliches Schreibpapier. (*B. Nr.* 57). Bei diesen Registerauszügen kommen die Worte des Originals: „Nebenstehend . . . Zeilen gestrichen" oder „Ganzer Vordruck gestrichen" in Wegfall.

Zur Erteilung von Geburtszeugnissen für Militärzwecke sind vereinfachte Formulare vorgeschrieben und ist für diese Fälle die Anordnung zur Ausfertigung eines vollständigen Registerauszuges nach Form. Aa aufgehoben. (*B. Nr.* 20).

Den Geistlichen ist das Recht der Zeugniserteilung für alle vor Inkrafttreten des Gesetzes (1. Januar 1876) stattgehabten Geburten, Heiraten und Sterbefälle auch für die Zukunft eingeräumt.

Nach § 15 Abs. I und II des P. G. gelten ordnungsgemäß geführte Register und mit denselben gleichlautende beglaubigte Auszüge insolange als öffentlich rechtliche Urkunden, bis der Beweis deren Fälschung erbracht ist.

§ 15 Abs. II und § 16 Abs. II und III des P. G.

Uebersendung von Auszügen an andere Standesbeamte: M. E. 23./7./80 A. Bl. 315; Formular hiezu: M. E. 20./2./91 A. Bl. 75.

Geburtszeugnisse für militärische Zwecke: M. E. 31./8./92 A. Bl. 391; sächliche Kosten: M. E. 7./4./93 A. Bl. 69.

Behandlung der Zusätze und Löschungen bei Abschriften: Bek. des Reichskanzlers 10./3. 92 A. Bl. 201.

Tax- und Stempelpflicht: M. E. 8./5./76 abgedr. Kr. A. Bl.

25. Die zur Standesregisterführung benötigten gebundenen Hauptregister, die Nebenregister, die Formulare zu den Registerauszügen und den vereinfachten Geburtszeugnissen für militärische

Zwecke werden den Gemeinden unentgeltlich auf Kosten des Staates geliefert, alle anderen erwachsenden sachlichen Kosten, z. B. für Form. D, E, F, Umschläge zu den Nebenregistern, alphabetische Register u. s. w. sind von der Gemeinde zu tragen.

Gegen Ende eines jeden Jahres haben die Standesbeamten den voraussichtlichen Bedarf für's folgende Jahr an gebundenen Haupt- und an Nebenregistern, Registerauszügen und vereinfachten Geburtszeugnissen für militärische Zwecke dem zuständigen Kgl. Bezirksamte anzuzeigen, welches die kostenfreie Vermittlung genannter Formulare übernimmt. (*B. Nr.* 21).

26. Die Führung der Standesregister und die darauf bezüglichen Verhandlungen erfolgen kosten- und stempelfrei. (Vergl. H Gebührentarif).

Dem Ansuchen eines Standesbeamten haben die Gemeindebehörden zu entsprechen; die darauf sich beziehenden Korrespondenzen sind portofrei.

Portopflicht: M. Bek. 20./1./76 A. Bl. 41 und M. E. 24./11./76 A. Bl. 485.

27. Zur Entgegennahme der mündlichen Anzeigen und Vornahme der Eheschließung hat der Standesbeamte den örtlichen Verhältnissen entsprechende Geschäftsstunden festzusetzen. Da sich die Notwendigkeit der Anzeige auch an Sonn- und Feiertagen ergeben kann, haben sich die Geschäftsstunden auch auf diese Tage zu erstrecken. (*B. Nr.* 22).

B.

Beurkundung der Geburten.

1. Jede Geburt ist innerhalb einer Woche (7 Tage) dem Standesbeamten, in dessen Bezirk die Niederkunft stattgefunden hat, anzuzeigen. Das Unterlassen der Anzeige und die Versäumung der vorgesetzten Frist wird gemäß § 68 d. P. G. bestraft.

§ 17 des P. G.

2. Zur Anzeige sind verpflichtet:

1. der eheliche Vater,
2. die bei der Niederkunft zugegen gewesene Hebamme,
3. der dabei zugegen gewesene Arzt,
4. jede andere dabei zugegen gewesene Person,
5. die Mutter, sobald sie dazu im Stande ist,

in der genannten Reihenfolge, so zwar, daß die an zweiter u. s. f. Stelle genannte Person zur Anzeige erst dann verpflichtet ist, wenn die in der nächst vorhergehenden Stelle genannte Person nicht vorhanden oder an der Anzeige verhindert ist.

In den Fällen der Ziffer 2, 3 und 4 ist in der Urkunde

von den Anzeigenden bestätigen zu lassen, daß sie bei der Niederkunft zugegen gewesen sind. (Vergl. *B. Nr.* 24—32).

Bezüglich der Feststellung der Persönlichkeit der Anzeigenden siehe A 8 und *B. Nr.* 4 und der Unterzeichnung der Urkunde A 10 mit *B. Nr.* 5 und 6.

§ 18 des P. G.

3. Die Eintragung hat zu enthalten:

1. Vor- und Familiennamen, Stand oder Gewerbe, Wohnort (Straße und Hausnummer) des Anzeigenden,
2. Ort, Tag und Stunde der Geburt,
3. Geschlecht des Kindes,
4. Vornamen des Kindes,
5. Vor- und Familiennamen, Religion und Stand oder Gewerbe und Wohnort der Eltern.

Die Religion des Anzeigers muß immer angegeben werden, wenn der Vater oder die Mutter die Anzeige erstatten, aber nicht, wenn sie von einer dritten Person (Hebamme, Arzt u. s. w.) erstattet wird. (Vergl. *B. Nr.* 24—32).

Bei der Geburt des Kindes einer Witwe oder geschiedenen Frau hat der Standesbeamte durch die Art des Eintrages der Geburt ersichtlich zu machen, ob die Geburt eine eheliche oder uneheliche ist. Bei Berücksichtigung der Zeit des Ablebens des Ehemannes oder der Zeit der Ehetrennung und der Empfängniszeit wird dem Standesbeamten die Beurteilung dieser Frage nicht allzuschwer fallen. (Vergl. *B. Nr.* 26, 27 und 30).

§ 22 Abs. I des P. G.

Beispiele von Geburtsanzeigen:

1. durch den ehelichen Vater: (*B. Nr.* 23).
2. durch die Hebamme:
   a. einer ehelichen Geburt: (*B. Nr.* 24).
   b. einer unehelichen Geburt: (*B. Nr.* 25).
   c. einer ehelichen Geburt, die Kindsmutter ist eine Witwe: (*B. Nr.* 26).
   d. einer unehelichen Geburt, die Kindsmutter ist eine Witwe: (*B. Nr.* 27).
3. durch den Arzt:
   a. einer ehelichen Geburt: (*B. Nr.* 28).
   b. einer unehelichen Geburt: (*B. Nr.* 28).
4. durch eine andere Person:
   a. einer ehelichen Geburt: (*B. Nr.* 29).
   b. einer unehelichen Geburt: (*B. Nr.* 29).
   c. einer ehelichen Geburt, die Kindsmutter ist eine Witwe: (*B. Nr.* 30).
   d. einer unehelichen Geburt, die Kindsmutter ist eine Witwe: (*B. Nr.* 30).
   e. einer unehelichen Geburt, die Kindsmutter ist eine abgeschiedene Frau: (*B. Nr.* 31).
   f. einer ehelichen Geburt, bei vorübergehendem Aufenthalte der Kindsmutter: (*B. Nr.* 32).

5. durch die Mutter:
   a. einer ehelichen Geburt: (*B. Nr.* 33).
   b. einer unehelichen Geburt: (*B. Nr.* 34).

4. Die Anzeigen sind regelmäßig mündlich gegen Unterschrift zu machen; schriftlich nur von Vorständen einer öffentlichen Anstalt, z. B. Entbindungs-, Krankenanstalt u. s. w. Hieher gehören auch jene Anstalten, welche mit einem die Anstalt vertretenden Vorstande versehen sind. (Siehe A 11 und *B. Nr.* 35).
§ 19 und 20 des P. G.

5. War der Vorname bei der Geburtsanzeige nicht bekannt, so ist dieses in der Urkunde zu vermerken (*B. Nr.* 35 und 36). Zugleich ist die anzeigende Person darauf aufmerksam zu machen, daß sie den dem Kinde nachträglich beigelegten Vornamen binnen 2 Monaten anzuzeigen hat; hievon ist in dem hiezu bestimmten Register Vormerkung zu machen. (*B. Nr.* 37).
§ 22 Abs. III des P.-G.

6. Bei Erstattung der nachträglichen Anzeige eines Vornamens ist am Rande der Eintragung der Geburt ein besonderes Protokoll aufzunehmen, vom Anzeigenden und Standesbeamten zu unterzeichnen und dann unter Beisetzung einer besonderen Uebereinstimmungsbeglaubigung abschriftlich im Nebenregister aufzunehmen. Eine amtliche Ermächtigung zur Beisetzung dieses Randvermerks ist hier nicht nötig. (*B. Nr.* 35 und 36).
§ 22 Abs. III des P. G.

7. Wird der Vorname eines Kindes nachträglich angezeigt, dessen Geburt im vorhergehenden Jahre beurkundet wurde, so daß das Nebenregister bereits dem Kgl. Bezirksamte übersandt worden ist, so ist eine beglaubigte Abschrift der Geburtsanzeige mit dem Randvermerke über die nachträgliche Anzeige des Vornamens behufs Herbeiführung der amtlichen Ergänzung des eingesandten Nebenregisters dem Kgl. Bezirksamte einzusenden. (*B. Nr.* 38).
§ 14 Abs. III des P. G.

8. Ist das Kind gestorben, bevor demselben ein Vorname beigelegt werden konnte, so ist außer dem vorschriftsmäßigen Eintrag im Sterberegister (siehe D 1) das Ableben des Kindes am Rande der betreffenden Geburtsurkunde zu bemerken und dieses Protokoll vom Anzeiger und dem Standesbeamten zu unterzeichnen (*B. Nr.* 39). Eine gerichtliche Ermächtigung zur Beisetzung dieses Randvermerkes ist nicht nötig. (Hier findet auch Ziff. 7 sinngemäße Anwendung und vergl. *B. Nr.* 38).

9. Gegebene Vornamen können durch Randvermerke weder geändert noch ergänzt werden. Die vor dem Standesbeamten zur Anzeige gebrachten Vornamen haben allein rechtliche Giltigkeit gegenüber den dem Kinde bei der Taufe oft beigelegten anderen Vornamen.

10. Bei **Zwillings-** oder **Mehrgeburten** ist die Beurkundung für jedes Kind besonders vorzunehmen und zwar so, daß die Zeitfolge der Geburten ersichtlich ist, d. h. das zuerst geborene Kind wird zuerst eingetragen, dann das nachher geborene unter der folgenden Registernummer. (*B. Nr.* 24 und 40).

§ 22 Abs. II des P. G.

11. Nach erfolgter Beurkundung einer **unehelichen** Geburt ist das **zuständige Pflegschafts-** (Amts-) **gericht** sofort hievon in Kenntnis zu setzen. (*B. Nr.* 41).

War dem unehelichen Kinde ein Vorname noch nicht beigelegt, so ist gleichwohl dem zuständigen Amtsgerichte die Anzeige zu machen (*B. Nr.* 42) und dasselbe von der nachträglich erfolgten Anzeige des Vornamens oder von dem Ableben des Kindes, ohne daß ihm ein Vorname beigelegt worden war (*B. Nr.* 43a), ebenfalls in Kenntnis zu setzen. (*B. Nr.* 43).

Anzeige einer unehelichen Geburt beim Pflegschaftsgericht: M. E. 5./12./75 II 4 A. Bl. 681.

12. Hat die Pflegschaftsverhandlung eine **Vaterschaftsanerkennung** zur Folge, dann wird, wenn von den Beteiligten gewünscht, der Standesbeamte vom zuständigen Pflegschaftsgerichte behufs Beischreibung derselben zur Geburtsurkunde hievon benachrichtigt. Der Standesbeamte hat auf Grund dieser Benachrichtigung die Beischreibung der Vaterschaftsanerkennung zu bewirken. (*B. Nr.* 44).

13. Das **uneheliche Kind führt den Familiennamen der Mutter**; ist die Mutter eine Witwe (oder geschiedene Frau), dann erhält das Kind jenen Familiennamen, welchen die Witwe als Mädchen gehabt hat. (Vergl. *B. Nr.* 27, dagegen *B. Nr.* 26).

Bei **Verehelichung** der **Kindsmutter** mit dem **Kindsvater** erwirbt mit der Mutter das **uneheliche** Kind den Familiennamen des **Vaters**; dagegen **behält** das Kind bei einer Verehelichung der Kindsmutter mit einer **anderen Person** den früheren **Mädchennamen der Mutter** bei. In dem ersteren Falle empfiehlt sich die Beischreibung der Vaterschaftsanerkennung zur Geburtsurkunde unter Bezugnahme auf die stattgefundene Verehelichung der Kindsmutter mit dem Kindsvater zur Vermeidung späterer Weitläufigkeiten. (Siehe Ziff. 15 dieses Abschnittes).

14. Die **Vaterschaftsanerkennung** kann außer in den Ziff. 12 genannten Fällen auch:

a. **mit** der Geburtsanzeige,

b. **nach** derselben **erfolgen**.

Im ersteren Falle ist die Anerkennung am Schluß der Urkunde zu bemerken (*B. Nr.* 45), in letzterem Falle hat der Kindsvater bei dem zuständigen Standesbeamten, d. i. demjenigen, welcher die Beurkundung der Geburt vorgenommen hat, die Beischreibung der Anerkennung zur Geburtsurkunde zu beantragen. Dieses geschieht, indem er persönlich die Erklärung vor dem Standesbeamten abgibt, daß er das betreffende Kind als von ihm erzeugt anerkenne, oder indem er eine gerichtliche oder notarielle Urkunde, inhaltlich deren er sich als natürlichen Vater des betreffenden Kindes bekannt hat, dem zuständigen Standesbeamten persönlich übergibt. In ersterem Falle schreibt der Standesbeamte die Erklärung des Kindsvaters an den Rand der betreffenden Geburtsurkunde und läßt diesen Randvermerk auch vom Kindsvater unterzeichnen (*B. Nr.* 46); in letzterem Falle macht der Standesbeamte unter Bezugnahme auf die ihm übergebene Urkunde einen entsprechenden Randvermerk zur betreffenden Geburtsurkunde (*B. Nr.* 47).

§ 25 des P. G.
Vergl. M. E. 5./12./75 II 3—5 A. Bl. 680.

15. Die Legitimation durch nachfolgende Ehe ist gem. § 26 des P. G. auf Antrag der Beteiligten am Rande der betreffenden Geburtsurkunde beizuschreiben, wenn die Verehelichung der natürlichen Eltern durch Heiratsurkunde nachgewiesen wird.

Hiebei ist folgendermaßen zu verfahren:

1. Wenn bereits eine Vaterschaftsanerkennung nach Ziffer 12, 13 und 14 vorliegt und

a) die Ehe vor demselben Standesamt geschlossen wurde, von welchem auch die Beurkundung der unehelichen Geburt erfolgt ist, dann hat der Kindsvater dem Standesbeamten persönlich einen beglaubigten Auszug aus dem Heiratsregister zu übergeben, worauf letzterer unter Bezugnahme auf die erfolgte Eheschließung der natürlichen Eltern der betreffenden Geburtsurkunde einen bloß von ihm zu unterzeichnenden Randvermerk beisetzt (*B. Nr.* 48);

b) die Eheschließung und die Beurkundung der Geburt nicht vor dem gleichen Standesamt erfolgt ist, dann hat der Kindsvater schriftlichen oder mündlichen Antrag auf Legitimation seines außerehelichen Kindes zu stellen, welcher Antrag unter Beilage eines beglaubigten Auszuges aus dem Heiratsregister jenem Standesamt, welches die Beurkundung der unehelichen Geburt vorgenommen hat, zu übermitteln ist. Letzteres verfährt dann, wie unter a angegeben. (*B. Nr.* 49).

2. Wenn der Kindsvater die Anerkennung und Legitimation seines außerehelichen Kindes miteinander verbinden will und zwar:

a) mit der Verehelichung:
dann ist, nachdem die Vaterschaftsanerkennung bei der Eheschließung erfolgt und diese Anerkennungserklärung in die Heiratsurkunde aufgenommen wurde (siehe C IV b 5, *B. Nr.* 83), beglaubigte Abschrift dieser Heiratsurkunde, jenem Standesamt zu übergeben, welches die Geburt des unehelichen Kindes beurkundet hat. Letzteres verfährt dann, wie unter Ziffer 1 a angegeben. (*B. Nr.* 50).

b) nach der Verehelichung:
dann hat der Kindsvater jenem Standesamt, welches die Beurkundung der Geburt seines außerehelichen Kindes vollzogen hat, eine Heiratsurkunde zu überbringen und vor dem Standesbeamten die Erklärung abzugeben, daß er das betreffende Kind als von ihm erzeugt anerkenne und laut Heiratsurkunde die Ehe mit der Kindsmutter geschlossen habe. Der Standesbeamte schreibt diese Erklärung an den Rand der betreffenden Geburtsurkunde und läßt diesen Randvermerk auch vom Kindsvater unterzeichnen. (*B. Nr.* 51).
In diesem Sinne ist zu verfahren, gleichviel ob die Geburt des legitimierten Kindes beim Standesamt des Eheschließungsortes beurkundet wurde oder bei einem anderen.

Vaterschaftsanerkennung bei Eheschließung: M. E. 20./10./76 abgedr. Kr. A. Bl.
deren Beischreibung zur Geburtsurkunde: M. E. 10/4./76 abgedr. Kr. A. Bl. (v. 1877).

16. Wird die Vaterschaftsanerkennung in Ziff. 12 und 14 einer Geburtsurkunde eines vorhergegangenen Jahrganges beigeschrieben (*B. Nr.* 46), dann ist eine beglaubigte Abschrift der Geburtsurkunde mit der beigeschriebenen Vaterschaftsanerkennung dem Kgl. Bezirksamte zur Herbeiführung der amtlichen Ergänzung des bereits eingesandten Nebenregisters zu übermitteln. (Vergl. A 23 und *B. Nr.* 14).

Wird die Vaterschaft zu einem unehelichen Kinde anerkannt, dessen Geburt in die vor Geltung des P. G. vom 6. Februar 1875 geführten Zivilstandsregister (Matrikel) eingetragen ist, so ist den Verwahrern (Pfarrämtern) dieser Register von der Anerkennung Mitteilung zu machen.

§ 14 Abs. III des P. G.

17. Die nachträgliche Feststellung der Abstammung eines Kindes, die Aenderung der Standesrechte durch Legitimation, Annahme an Kindesstatt oder in anderer Weise, ist auf Antrag der Beteiligten, wenn der Vorgang durch öffentliche Ur-

kunden nachgewiesen wird, am Rande der über den Geburtsfall aufgenommenen Urkunde vom Standesbeamten zu vermerken. Eine gerichtliche Ermächtigung ist zur Beischreibung dieses Randvermerkes nicht notwendig. (*B. Nr.* 52; vergl. hiezu A 23 mit *B. Nr.* 14).

§ 26 des P. G.

Bei Aenderung der Familiennamen oder bei Adelsverleihung ist ein Randvermerk nicht zu machen, sondern es sind die dem Standesbeamten zugehenden Urkunden lediglich im Sammelakt aufzubewahren und ist im alphabetischen Register hievon Vormerkung zu machen.

Vergl. M. E. 8./8./81 A. Bl. 294.

18. Totgeburten sind spätestens am nächstfolgenden Tage anzuzeigen. Unzeitige oder Fehlgeburten (abortus) werden nicht beurkundet. Die Eintragung hat im Sterberegister zu erfolgen und hat zu enthalten:

1. Vor- und Familiennamen, Stand oder Gewerbe und Wohnort des Anzeigenden,
2. Ort, Tag und Stunde der Geburt,
3. Geschlecht des Kindes,
4. Vor- und Familiennamen, Religion, Stand oder Gewerbe und Wohnort der Eltern.

Die Eintragung hat unter teilweiser Benützung des Vordrucks am Rande zu erfolgen. Die leeren Zeilen sind zu durchstreichen und am Schlusse der Urkunde ist die gestrichene Zeilenzahl zu bestätigen.

Beispiele:

1. Anzeige einer ehelichen Totgeburt durch den Vater: (*B. Nr.* 53).
2. Anzeige einer ehelichen Totgeburt durch die Hebamme: (*B. Nr.* 54).
3. Anzeige einer unehelichen Totgeburt durch die Hebamme: (*B. Nr.* 55).

Die Uebertragung in's Nebenregister erfolgt in der Weise, daß der am Rande der Urkunde stehende Wortlaut ohne besondere Uebereinstimmungsklausel abschriftlich in gleicher Weise (am Rande) aufgenommen wird. Die Uebereinstimmung wird durch Ausfüllung des betreffenden Vordruckes bestätigt. (Vergl. *B. Nr.* 53 und 54).

Bezüglich der Anzeige einer unehelichen Totgeburt beim zuständigen Pflegschaftsgerichte findet das Ziff. 11 Gesagte sinngemäße Anwendung (*B. Nr.* 56).

Zu Registerauszügen über Totgeburtsanzeigen darf das Form. C c nicht verwendet werden, sondern gewöhnliches Schreibpapier. (Vergl. A 24 und *B. Nr.* 57).

Hat dagegen das Kind nach der Geburt kurze Zeit gelebt, so ist in der gewöhnlichen Weise zunächst Geburtsanzeige und dann Todesanzeige zu erstatten; erstere wird im Geburtsregister, letztere im Sterberegister beurkundet.

Bezüglich des Vornamens wird nach Ziff. 8 verfahren. (Vergl. auch *B. Nr.* 39).

§ 23 des P. G.
Vergl. M. E. 5./12./75 II 2 A. Bl. 680.

19. Wer ein neugeborenes Kind findet, hat spätestens am nächstfolgenden Tage der Ortspolizeibehörde hievon Anzeige zu machen; die letztere hat die erforderlichen Ermittelungen vorzunehmen und dem Standesbeamten des Bezirks von deren Ergebnis behufs Eintragung in das Geburtsregister Anzeige zu machen.

Die Eintragung hat zu enthalten:

1. die Zeit, den Ort und die Umstände des Auffindens,
2. die Beschaffenheit und die Kennzeichen der bei dem Kinde vorgefundenen Kleider und sonstiger Gegenstände,
3. die körperlichen Merkmale des Kindes,
4. sein vermutliches Alter, sein Geschlecht,
5. die Behörde, Anstalt oder Person, bei welcher das Kind untergebracht worden, und
6. die Namen, welche ihm beigelegt werden.

Die Eintragung erfolgt unter teilweiser Benützung des Vordrucks am Rande in der unter Ziff. 18 beschriebenen Weise auf amtliche Anzeige. (Vergl. A 11).

§ 24 des P. G.

20. Wenn eine Geburtsanzeige über 3 Monate verzögert wird, so daß Zweifel an deren Richtigkeit begründet sind, darf die Eintragung nur mit Genehmigung der Aufsichtsbehörde erfolgen. In diesen Fällen ist dem Kgl. Bezirksamte sofort Anzeige zu machen, welches dann das Weitere verfügt (*B. Nr.* 58 und 59) und sind die Ermittelungskosten von dem zu tragen, welcher die rechtzeitige Anzeige versäumt hat.

§ 27 des P. G.

21. Die anzeigende Person erhält nach erfolgter Beurkundung vom Standesbeamten eine gebührenfreie Bescheinigung über die geschehene Anzeige ausgehändigt, welche Geistlichen u. s. w. gegenüber als Ausweis dient. (*B. Nr.* 60).

22. Ueber sämtliche zur Anzeige gelangten Geburtsfälle ist ein alphabetisches Register zu führen, in welches außerdem auch die in anderen Standesamtsbezirken erfolgten Geburten heimatberechtigter oder vorübergehend abwesender Personen auf Grund der von auswärtigen Standesbeamten erhaltenen Mitteilungen einzutragen ist. Der Grund der letztgenannten Eintragungen ist in der Rubrik „Bemerkung" anzugeben. (Vergl. F 3 d mit *B. Nr.* 113).

23. Erfolgt die Niederkunft einer im Standesamtsbezirk vorübergehend (ohne festen Wohnsitz) anwesenden Person, so ist eine Abschrift der erfolgten Anzeige an das Standesamt ihres ständigen Wohnsitzes zu senden. (*B. Nr.* 61).

Vergl. M. E. 5./12./75 V 3 A. Bl. 687.

Geburten auswärts beheimateter Personen sind zweckmäßig der Heimatgemeinde berichtlich anzuzeigen, um derselben die Evidenthaltung der Familienbögen zu ermöglichen; eine gesetzliche Verpflichtung der Standesbeamten besteht jedoch hiezu nicht. (*B. Nr.* 62).

24. Am Tage der erfolgten Geburtsanzeige ist in das Nebenregister eine Abschrift aus dem Hauptregister einzutragen und die Uebereinstimmung mit dem Hauptregister durch Unterschrift des Standesbeamten zu beglaubigen. Randvermerke sind gleichfalls am gleichen Tage abschriftlich im Nebenregister einzutragen und die Uebereinstimmung zu beglaubigen. (Vergl. A 19, 20 und 23).

25. Am Jahresschlusse ist das Geburts-Haupt- und Nebenregister unter Angabe der Zahl der Eintragungen während des verflossenen Jahres und unter Bestätigung durch Siegel und Unterschrift abzuschließen (vergl. A 21 mit *B. Nr.* 15) und hierauf das Geburtsnebenregister innerhalb der 1. Januarwoche ungebunden und ungeheftet dem Kgl. Bezirksamte einzusenden.

C.

Eheschließung.

I. Allgemeine Bestimmungen.

1. Eine Ehe kann nur mit Einwilligung der beiden Brautleute geschlossen werden. Standesbeamte, welche wahrnehmen oder bei einiger Aufmerksamkeit hätten wahrnehmen können, daß eines der Brautleute in willensunfähigem Zustande sich befand und trotzdem die Eheschließung vornahmen, werden gemäß § 69 des P. G. bestraft.

2. Beide Brautleute müssen ehemündig sein. Die Ehemündigkeit tritt beim männlichen Geschlechte mit dem vollendeten 20. Lebensjahre und beim weiblichen Geschlechte mit dem vollendeten 16. Lebensjahre ein. In besonders gelagerten Fällen ist Dispensation zulässig.

§ 28 des P. G.

Dispensation bei Eheunmündigkeit: V. O. 15./12./75 § 1 V. Bl. 779; Gebühr 50—200 Mark V. Bl. von 1890 St. 56.

3. a) Eheliche Kinder bedürfen und zwar eheliche Söhne bis zur Vollendung des 25. und eheliche Töchter bis zur Vollendung des 24. Lebensjahres zur Verehelichung der Einwilligung des Vaters (*B. Nr.* 63), nach dem Tode des Vaters der Einwilligung der Mutter und, wenn sie minderjährig, d. h. noch nicht 21 Jahre alt sind, auch der Einwilligung des Vormundes; wenn beide Eltern verstorben und solange sie minderjährig sind, der Einwilligung des Vormundes, sobald sie aber volljährig, d. h. über 21 Jahre alt sind, gar keiner Einwilligung.

Das Ableben des Vaters oder beider Eltern ist durch standesamtliche Sterbeurkunden nachzuweisen.

Dem Tode des Vaters oder der Mutter steht der Fall gleich, wenn dieselben zur Abgabe einer Erklärung dauernd außer Stande sind oder ihr Aufenthalt dauernd unbekannt ist. Das Vorhandensein dieses Zustandes ist durch ein amtliches Zeugnis nachzuweisen. (*B. Nr.* 64).

§ 29 des P. G.

b) Uneheliche Kinder bedürfen und zwar, volljährige uneheliche Söhne bis zur Vollendung des 25. und volljährige uneheliche Töchter bis zur Vollendung des 24. Lebensjahres zur Verehelichung der Einwilligung der Mutter; minderjährige uneheliche Kinder aber außerdem noch jene des Vormundes. Beim Ableben der Mutter bedürfen Minderjährige bloß der Einwilligung des Vormundes, Volljährige gar keiner Einwilligung.

Das Ableben der Mutter ist mit standesamtlicher Sterbeurkunde nachzuweisen.

Verheiratet sich die uneheliche Kindsmutter nicht mit dem natürlichen Kindsvater, sondern mit einer anderen Person, dann geht das Recht zur Erteilung der Einwilligung für die außerehelichen Kinder keinesfalls auf den nunmehrigen (Stief-) Vater über, sondern die Mutter behält dieses Recht nach wie vor bei. Es wird hiebei gerade so verfahren, als wäre die Mutter noch in ledigem Stande.

§ 30 des P. G.

c) Bei angenommenen Kindern tritt an die Stelle des Vaters derjenige, welcher an Kindesstatt angenommen hat, vorausgesetzt, daß in dem betreffenden Teil des Bundesgebietes durch eine Annahme an Kindesstatt die Rechte der väterlichen Gewalt begründet wird.

Löst sich die Adoption durch Tod des Adoptierenden oder durch Rückgängigmachung, dann treten die natürlichen Eltern wieder in ihre unter a und b genannten Rechte ein.

§ 31 des P. G.

d) **Wird großjährigen Kindern die Einwilligung versagt**, dann steht ihnen das Recht zu, beim zuständigen Gericht Klage auf richterliche Ergänzung zu stellen.

§ 32 des P. G.

4. **Die Ehe ist verboten:**

a. zwischen Verwandten in auf- und absteigender Linie,
b. zwischen voll- und halbbürtigen Geschwistern,
c. zwischen Stiefeltern und Stiefkindern, Schwiegereltern und Schwiegerkindern jeden Grades,
ohne Unterschied, ob das Verwandtschafts- oder Schwägerschaftsverhältnis auf ehelicher oder außerehelicher Geburt beruht und ob die Ehe, durch welche die Stief- oder Schwiegerverbindung begründet wird, noch besteht oder nicht,
d. zwischen Personen, deren eine die andere an Kindesstatt angenommen hat, solange dieses Rechtsverhältnis besteht,
e. zwischen einem wegen Ehebruchs Geschiedenen und seinem Mitschuldigen; in diesem Falle ist Dispensation zulässig.

Das Nichtvorhandensein eines dieser Verwandtschaftsverhältnisse ist durch gemeindliches Zeugnis nachzuweisen. (*B. Nr.* 65).

Die Eheschließung eines Pflegebefohlenen mit seinem Vormunde oder dessen Kindern ist während der Dauer der Vormundschaft zum Schutze der Vermögensinteressen unzulässig.

§ 33 und § 37, sowie § 39 des P. G.

Dispensation vom Eheverbot, Gebühr 50—500 Mark V. Bl. von 1890 St. 56.

5. **Niemand darf eine neue Ehe schließen, bevor seine frühere Ehe** durch den Tod des anderen Ehegatten oder durch Scheidung aufgelöst oder durch richterliches Erkenntnis **für ungiltig oder nichtig erklärt ist.** Der Wiederverehelichung einer geschiedenen Person steht ein Hindernis nicht entgegen. (Vergl. auch Ziff. 4 e).

§ 34 des P. G.

6. **Witwer bezw. Witwen haben bei ihrer Wiederverehelichung** sich mit ihren aus der vorhergehenden Ehe vorhandenen Kindern abzufinden und den Nachweis der erfolgten Abfindung durch ein **amtsgerichtliches Zeugnis** zu erbringen. Zu diesem Zwecke hat die sich wiederverehelichende Person beim zuständigen Vormundschaftsgerichte (Amtsgerichte) diesbezüglichen Antrag zu stellen.

Sind der **vorhergegangenen Ehe Kinder nicht entsprossen**, dann ist durch ein pfarramtliches oder standesamtliches **Familienstandszeugnis** das Nichtvorhandensein derselben nachzuweisen; eines amtsgerichtlichen Zeugnisses (s. oben) bedarf es dann nicht. (*B. Nr.* 66).

§ 38 Abs. II des P. G.

7. Frauen, sowohl Witwen als geschiedene, dürfen erst nach Ablauf des zehnten Monats seit Auflösung der früheren Ehe sich wieder verehelichen. Der Zeitpunkt der Auflösung der vorhergehenden Ehe ist der beizubringenden Sterbeurkunde bezw. dem richterlichen Urteil, durch welches die Ehe geschieden, für ungiltig oder nichtig erklärt ist, zu entnehmen. In besonders gelagerten Fällen ist Dispensation zulässig.

§ 35 und § 40 des P. G.

Dispensation von der Wartezeit: V. O. 15./12. 75 § 2 V. Bl. 779; Behandlung der Gesuche: Bek. 24./12. 75 V. Bl. 871.

Vergl. M. E. 5./3./78 abgedr. Kr. A. Bl. (von Mittelfr. St. 303).

8. Militärpersonen, sowie im Dienste des Staates stehende Personen bedürfen zur Verehelichung die Genehmigung ihrer vorgesetzten Behörden. Das Fehlen dieser Genehmigung ist ohne Einfluß auf die Giltigkeit der Ehe.

§ 38 Abs. I des P. G.

9. Innerhalb des deutschen Reiches können Ehen rechtsgiltig nur vor dem Standesbeamten geschlossen werden; doch bleibt es den Brautleuten unbenommen, sich nach der standesamtlichen Eheschließung noch kirchlich einsegnen zu lassen. Vor der kirchlichen Einsegnung hat sich der Geistliche die Gewißheit zu verschaffen, daß die standesamtliche Eheschließung auch wirklich vorangegangen ist. Zu diesem Behufe fertigt der Standesbeamte eine dem Geistlichen auszuhändigende gebührenfreie Bescheinigung über erfolgte Eheschließung aus. (*B. Nr.* 67). Eine kirchliche Trauung **ohne** vorhergegangene standesamtliche Eheschließung ist rechtlich ungiltig und ist die Vornahme der ersteren dem Geistlichen bei Strafe verboten.

§ 41 des P. G.

10. Die Ehe kann zunächst nur vor dem zuständigen Standesbeamten geschlossen werden. Zuständig sind jene Standesbeamten, in deren Bezirk einer der Verlobten seinen Wohnsitz hat oder sich gewöhnlich aufhält. Zwischen mehreren zuständigen Standesbeamten haben die Verlobten die Wahl.

§ 42 des P. G.

11. Soll die Ehe vor einem anderen, nicht zuständigen Standesbeamten, geschlossen werden, dann ist derselbe vom zuständigen Standesbeamten hiezu schriftlich zu ermächtigen. Diese schriftliche Ermächtigung ist gebührenpflichtig. (*B. Nr.* 68).

§ 43 des P. G.

12. Der Eheschließung soll ein Aufgebot vorhergehen; dasselbe kann nur von einem zuständigen Standesbeamten angeordnet werden. (*B. Nr.* 69).

§ 44 des P. G.

13. Vor Erlassung des Aufgebotes sind dem damit betrauten zuständigen Standesbeamten zu übergeben:

a. die Geburtsurkunden,

b. die Einwilligungserklärungen (nach Ziff. 3).

Der Standesbeamte kann die Beibringung dieser Urkunden erlassen, wenn ihm Thatsachen, welche durch dieselben festgestellt werden sollen, persönlich bekannt, oder sonst glaubhaft nachgewiesen sind. Auch kann er von unbedeutenden Abweichungen in den Urkunden, beispielsweise von einer verschiedenen Schreibart der Namen oder einer Verschiedenheit der Vornamen absehen, wenn in anderer Weise die Persönlichkeit der Beteiligten festgestellt wird.

§ 45 des P. G.

14. Das Aufgebot ist zu erlassen:

a. in der Aufenthaltsgemeinde des Bräutigams und der Braut; wohnen beide in derselben Gemeinde, dann erfolgt das Aufgebot selbstverständlich nur einmal;

b. wenn einer der Verlobten seinen gewöhnlichen Aufenthalt außerhalb seines gegenwärtigen Wohnsitzes hat, auch in der Gemeinde seines jetzigen Aufenthaltes;

c. wenn einer der Verlobten seinen Wohnsitz innerhalb der letzten sechs Monate gewechselt hat, auch in der Gemeinde seines früheren Wohnsitzes.

In den unter a genannten Fällen sind also 1 bezw. 2, in den unter b und c genannten Fällen sind 3 bezw. 4 gleichzeitige Aufgebote erforderlich.

Das Aufgebot hat die Vor- und Familiennamen, den Stand oder das Gewerbe und den Wohnort der Verlobten und ihrer Eltern zu enthalten. (*B. Nr.* 69). Es ist an der für Bekanntmachungen der Gemeindebehörde bestimmten Stelle (Rat- oder Gemeindebrett) während 2 Wochen d. i. während voller 14 Kalendertage bei Abrechnung des Anhang- und Abnahmetages auszuhängen und ist von dem Erlassen desselben in dem hiezu bestimmten Register Vormerkung zu machen. (*B. Nr.* 70). Sind während dieser Frist Ehehindernisse zur Kenntnis des Standesbeamten gekommen, so hat er die Eheschließung abzulehnen.

Bei ärztlich bescheinigter lebensgefährlicher Krankheit, welche einen Aufschub der Ehe nicht gestattet, kann der zuständige Standesbeamte die Eheschließung auch ohne Aufgebot vornehmen.

Nach Ablauf von 6 Monaten verliert das Aufgebot seine Giltigkeit, wenn innerhalb dieser Zeit die Ehe nicht geschlossen wurde.

Wenn die Ehe nach diesem Termine noch geschlossen werden soll, dann muß ein neues Aufgebot erlassen werden.

§§ 46, 47, 48, 50 und 51 des P. G.

Dispensation vom Aufgebot: V. O. 15./12./75 § 3 V. Bl. 779; Behandlung der Gesuche: M. Bek. 24./12./75 V. Bl. 871.

Aufgebot für rechtsrheinische Bayern, welche im Auslande leben: M. E. 6./12./79 A. Bl. 600.

Aufgebot für rechtsrheinische Bayern, welche in der Pfalz oder in einem anderen deutschen Bundesstaate wohnen: M. E. 8./1./91 A. Bl. 22.

15. Soll die Eheschließung nicht vor jenem zuständigen Standesbeamten, welcher das Aufgebot angeordnet hat, sondern vor einem anderen **zuständigen** Standesbeamten erfolgen (siehe Ziff. 10), dann hat der das Aufgebot anordnende Standesbeamte darüber eine gebührenfreie Bescheinigung auszustellen, daß und wann das Aufgebot vorschriftsmäßig erfolgt ist und daß Ehehindernisse nicht zu seiner Kenntnis gekommen sind. (*B. Nr.* 71).

Diese Bescheinigung hat dann keine Giltigkeit, wenn die Verehelichung vor einem **nicht** zuständigen Standesbeamten geschlossen werden soll; in diesem Falle ist die in Ziff. 11 genannte schriftliche Ermächtigung erforderlich.

§ 49 des P. G.

16. Vorstehende Bestimmungen in Ziff. 12, 13, 14 und 15 über Erlassung des Aufgebots und Ausstellung der Aufgebotsbescheinigung haben in Bayern nur bei Verehelichung von Nichtbayern vor einem bayerischen Standesamte Geltung.

§ 74 Abs. II des P. G.

Für bayerische Angehörige treten an deren Stelle die Bestimmungen des bayerischen Gesetzes über Heimat, Verehelichung und Aufenthalt vom 16. April 1868. (Vergl. C II).

H. G. 16./4./68 Ges. Bl. 357 u. 23./2./72 Ges. Bl. 213 u. 1./7./86 V. Bl. 325 u. 17./3./92 V. Bl. 51.

II. Besondere Bestimmungen.

Vor erfolgter Eheschließung haben die Standesbeamten mit Rücksicht auf die für Bayern geltenden besonderen Bestimmungen hierüber die zur Eheschließung gegebenen Voraussetzungen genauestens zu prüfen und dabei zu beachten:

a. ob der Bräutigam dem rechtsrheinischen Bayern,
b. der Rheinpfalz oder einem anderen Teil des deutschen Reiches oder
c. dem Auslande angehört.

a.

Gehört der Bräutigam dem rechtsrheinischen Bayern an, dann darf der Standesbeamte die Eheschließung nur dann vornehmen, wenn demselben das nach Art. 33 des Gesetzes vom 16. April 1868 (und 23. Februar 1872 und 17. März 1892) über Heimat, Verehelichung und Aufenthalt ausgestellte Verehelichungszeugnis vorliegt. Dieses Verehelichungszeugnis wird von jener Distriktspolizeibehörde (Bezirksamt) ausgestellt, in deren Bezirk der Bräutigam heimatberechtigt ist. Die Beibringung dieses Zeugnisses ist notwendig.

Durch die Novelle vom 17. März 1892 wurde jedoch bestimmt, daß der Mangel dieses distriktspolizeilichen Verehelichungszeugnisses für die Rechtsgiltigkeit der außerhalb Bayerns geschlossenen Ehe eines Bayern ohne Einfluß ist, daß jedoch eine ohne dieses Zeugnis geschlossene Ehe in Bezug auf die Heimat der Ehefrau und der aus der Ehe entsprossenen Kinder nicht die Wirkungen einer giltigen Ehe habe.

b.

1. Wenn der Bräutigam in der Rheinpfalz heimatberechtigt ist und
   a. im rechtsrheinischen Bayern eine Ehe schließen will, so ist hiezu das nach Art. 38 Abs. 2 des Heimatgesetzes vom 16. April 1868 ausgefertigte distriktspolizeiliche Verehelichungszeugnis erforderlich;
   b. in der Rheinpfalz oder einem anderen Teile des Deutschen Reiches die Ehe schließen will, so richtet sich das Verfahren des Standesbeamten ausschließlich nach dem P. G. vom 6. Februar 1875. (Vergl. C I).
2. Wenn der Bräutigam einem nichtbayerischen Bundesstaate angehört und eine Ehe in Bayern oder einem anderen deutschen Bundesstaat schließen will, dann richtet sich das Verfahren ausschließlich nach dem P. G. vom 6. Februar 1875. (Vergl. C I).

c.

Will ein Ausländer (Nichtdeutscher) in Bayern (einschließlich der Rheinpfalz) eine Ehe schließen, dann hat derselbe jener Distriktspolizeibehörde des Ortes, an welchem die Eheschließung vorgenommen werden soll, den in Art. 39 des Gesetzes vom $\frac{\text{16. April 1868}}{\text{23. Februar 1872}}$ vorgeschriebenen Nachweis zu erbringen, daß nach dem im Heimatlande des Mannes geltenden Gesetze diese Eheschließung zulässig ist und dieselben Wirkungen hat, wie wenn sie im Heimatlande selbst erfolgt wäre. Die Distriktspolizeibehörde stellt bei Erbringung dieses Nachweises ein Zeugnis aus, daß der Verehelichung ein Hindernis nicht im Wege steht. Auf Grund dieses Zeugnisses kann nach Beobachtung der Bestimmungen des P. G. vom 6. Februar 1875 vom Standesbeamten die Eheschließung erfolgen. (Vergl. C I).

Eines oben genannten Nachweises, der übrigens an keine bestimmte Form gebunden ist, bedarf es dann nicht, wenn die betreffenden Bestimmungen des ausländischen Staates mittelst Ministerialentschließung zur Beachtung öffentlich bekannt gegeben worden sind.

Vergleiche bezüglich:
Belgien: M. E. 8./8./75 A. Bl. 645.
England: M. E. 2./11./79 A. Bl. 554.
Frankreich: M. E. 8./1./91 A. Bl. 21 u. M. E. 19./3./76.
Italien: M. E. 13./9./75 A. Bl. 478.
Niederlande: M. E. 19./3./71 Nr. 1905.
Rußland: M. E. 19./2./80 A. Bl. 97.
Schweden: M. E. 3./7./74 A. Bl. 349.
Schweiz: Übereinkunft vom 4./6./86 A. Bl. 231.

Bezügl. Eheschließung bayerischer Staatsangehöriger, die in der Pfalz beheimatet sind, in Ungarn s. M. Bek. vom 19. 3./96 Nr. 7279 A. Bl. 122.

Bezügl. Eheschließung bayerischer Staatsangehöriger in Österreich-Ungarn, sowie österreichischer und ungarischer Staatsangehöriger in Bayern s. M. E. vom 20./4./96 Nr. 5268 A. Bl. 124.

Siehe auch die gesetzlichen Bestimmungen unter C I Ziff. 14.

III. Verfahren vor der Eheschließung.

a.

Der Bräutigam gehört dem rechtsrheinischen Bayern an und wohnt daselbst.

1. Der Bräutigam hat den Antrag auf Ausstellung des distriktspolizeilichen Verehelichungszeugnisses nach Art. 33 des H. G. vom 16 April 1868 zu stellen Dies geschieht entweder vor dem Bürgermeister seines Aufenthalts oder Heimatortes oder bei der zuständigen Distriktspolizeibehörde Der Antrag ist (unter Benützung eines gedruckten Formulars) zu Protokoll zu nehmen. (*B. Nr.* 72).

2. Bei Stellung dieses Antrages sind der Gemeindebehörde zu übergeben bezw nachträglich beibringen zu lassen:

a. der Nachweis, daß wegen der Militärpflicht der Verehelichung kein Hindernis entgegensteht: dies geschieht durch Vorlage des Militärpasses oder Freischeines;

b. der Nachweis der dienstlichen Einwilligung, falls der Mann eine im Dienste des Staates, der Kirche, einer öffentlichen Korporation oder Stiftung verwendete Person ist, deren Anstellung dem Staatsoberhaupt oder einer Staatsbehörde zusteht. (Art. 34 Ziff. 3 des H. G. vom 16. April 1868; vergl. C I 8): durch ein Zeugnis der vorgesetzten Dienstbehörde;

c. bei Witwern der Nachweis über die erfolgte gesetzliche Abfindung der allenfalls vorhandenen Kinder aus der vorigen Ehe und Angabe der Zeit des Todes der Ehefrau (vergl. C I 6): durch ein amtsgerichtliches Zeugnis über Abfindung der Kinder, oder standesamtliches Familienstandszeugnis über Nichtvorhandensein von Kindern aus früherer Ehe (*B. Nr.* 66) und standesamtliche Sterbeurkunde bezw. pfarramtliches Sterbeattest über das Ableben der Ehefrau;

d. bei geschiedenen Personen der Nachweis der erfolgten Ehescheidung durch beglaubigte Abschrift des richterlichen Endurteils (vergl. C I 7);

e. der Nachweis, daß dem Verehelichungsvorhaben verwandtschaftliche Beziehungen zur Braut nicht entgegenstehen (vergl. C I 4): durch ein Verwandtschaftszeugnis der Gemeindebehörde (*B. Nr.* 65);

f. der Nachweis der Einwilligung der Eltern oder des Vormundes, insoferne der Bräutigam das 25. Lebensjahr noch nicht zurückgelegt hat (vergl. C I 3): durch eine zu Protokoll gegebene Erklärung der Eltern oder des Vormundes (*B. Nr.* 63) und bei Ableben der Eltern eventuell standesamtliche Sterbeurkunde oder pfarramtliches Sterbeattest (vergl. C I 3 a 4 und b 4);

g. die Erklärung seiner Heimatgemeinde, daß sie keinen Einspruch nach Art. 36 des H. G. vom 16. April 1868 erhebe und daß die Angaben zu e richtig sind. Diese Erklärung wird von der Gemeindebehörde auf Grund eines ordnungsgemäß gefaßten Gemeindeverwaltungsbeschlusses abgegeben, mit Siegel und Unterschrift der gesamten Gemeindeverwaltung versehen und gebührenfrei ausgefertigt. Wurde das Verehelichungsgesuch nicht von der Heimatgemeindebehörde zu Protokoll genommen, dann wird gewöhnlich die Heimatbehörde durch die zuständige Distriktspolizeibehörde unter Übersendung des Verehelichungsgesuches zur Abgabe dieser Erklärung veranlaßt. (*B. Nr.* 73);

Art. 36 Abs. I des H. G. in der Fassung der Kgl. Deklaration vom 21./4./84 V. Bl. 123.

Nichtbezahlung der Heimatgebühr ist nach Regierungsentschließung v. Mittelfranken vom 22./8./76 Kr. A. Bl. ein Einspruchsgrund nach Art. 36 des H. G.

Desgl. Entmündigung: V. Bl. von 1884 St. 124 und Fälschung: V. Bl. von 1884 St. 123.

h. der etwa bereits erfolgte Anschlag des Gesuches in der Aufenthaltsgemeinde der auswärts wohnenden Braut:

Wohnt die Braut nicht am Orte des Bräutigams, so ist eine Verehelichungsbekanntmachung auch im Aufenthaltsorte der Braut zu erlassen.

Wurde das Verehelichungsgesuch von der Heimatbehörde, welche nicht zugleich Aufenthaltsbehörde für den Bräutigam oder die Braut ist, zu Protokoll genommen, dann sind den Aufenthaltsbehörden Bekanntmachungsentwürfe mit entsprechendem Ersuchen zum Vollzuge derselben zu übersenden. (*B. Nr.* 74).

Die Verehelichungsbekanntmachung ist 10 Tage (genau 10×24 Stunden) am Gemeindebrett anzuheften, die Zeit des Anschlages und der Abnahme auf derselben zu konstatieren. Werden während des Aushanges etwaige Erinnerungen bei der Gemeindebehörde gegen das Verehelichungsvorhaben erhoben, so sind solche zu Protokoll zu nehmen (*B. Nr.* 75) und dem Verehelichungsakt beizugeben; im verneinenden Falle ist dies auf der Bekanntmachung zu bestätigen (*B. Nr.* 76).

Bei ärztlich bescheinigter lebensgefährlicher Krankheit, welche einen Aufschub der Eheschließung nicht gestattet, kann die Distriktsverwaltungsbehörde auch ohne vorgängige Bekanntmachung des Ehevorhabens das Verehelichungszeugnis ausstellen (vergl. C I 14).

Bekanntmachungen: Art. 35 des H. G. 16./4./68 und M. Bek. 28./12./75, abgedr. Kr. A. Bl. (von Mittelfr. 1876 St. 3).

i. der Nachweis über Alter des Bräutigams durch ein pfarramtliches Geburtszeugnis oder standesamtliche Geburtsurkunde, falls der Bräutigam nach dem 1. Januar 1876 geboren wurde (vergl. C I 2 und 3);

k. der Nachweis über Stand, Heimat, sowie über etwa vorhandene (noch lebende) Kinder der Braut: durch ein Familienstandszeugnis der Heimatbehörde der Braut;

Beispiele:

1. Die Braut ist ledig und ohne Kinder: (*B. Nr.* 77).
2. Die Braut ist ledig und hat außereheliche Kinder: (*B. Nr.* 78).
3. Die Braut ist eine Witwe mit ehelichen Kindern: (*B. Nr.* 79).
4. Die Braut ist eine Witwe mit außerehelichen und ehelichen Kindern: (*B. Nr.* 80).

l. der Nachweis über Alter der Braut durch ein pfarramtliches Geburtszeugnis oder standesamtliche Geburtsurkunde, falls sie erst nach dem 1. Januar 1876 geboren wurde (vergl. C I 2 und 3);

m. bei Witwen der Nachweis der gesetzlichen Abfindung mit den aus der vorausgegangenen Ehe etwa vorhandenen Kindern, sowie über die Zeit des Todes des früheren Ehemannes: durch die gleichen unter c genannten Zeugnisse;

n. der Nachweis der erfolgten Ehetrennung durch beglaubigte Abschrift des richterlichen Endurteils, wenn die Verlobte geschieden ist (vergl. C I 7);

o. der Nachweis der Einwilligung der Eltern oder des Vormundes, insoferne die Braut das 24. Lebensjahr noch nicht zurückgelegt hat: durch die gleichen unter f genannten Nachweise (vergl. C I 3);

p. bei Witwen vor Ablauf von 10 Monaten seit dem Tode des Ehemannes, ebenso bei geschiedenen Frauen seit Trennung der vorhergegangenen Ehe der Nachweis der erlangten Ministerialdispens. (Vergl. C I 7).

3. Das Vorliegen eines der unter a bis p besagten Fälle ist durch Bezeichnung des beigebrachten Beleges im Protokolle zu konstatieren, verneinenden Falles etwa durch: „Hier nicht nötig" im gedruckten Protokoll-Formulare zu bezeichnen.

4. Das Protokoll wird vom Bräutigam unterschriftlich anerkannt und vom Bürgermeister und Protokollführer unterschrieben. Hierauf ist sofort Bekanntmachung zu erlassen und dabei wie oben unter C III 2 h angegeben zu verfahren.

Nach Ablauf der vorgeschriebenen Aushängefrist ist die Bekanntmachung mit den vorgeschriebenen Bestätigungen (vergl. C III 2 h) zu versehen, und dem Verehelichungsgesuch als Beleg beizugeben; auswärts erlassene Bekanntmachungen sind nach ihrem Eintreffen gleichfalls zum Akt zu nehmen.

5. Das Verehelichungsgesuch wird vom Bürgermeister mit sämtlichen Belegen an die zuständige Distriktspolizeibehörde (bezw. Magistrat), d. i. jenes Bezirksamt, in dessen Bezirk der Heimatort des Bräutigams gelegen ist, übersendet. Sendungen in Verehelichungsangelegenheiten sind portopflichtig.

6. Das Kgl. Bezirksamt sendet das von ihm ausgestellte distriktspolizeiliche Verehelichungszeugnis an die Heimatgemeinde des Bräutigams oder durch Vermittlung der Behörde der Aufenthaltsgemeinde des Bräutigams an den letzteren und verständigt dann dessen Heimatgemeinde von der Ausstellung dieses Zeugnisses.

Auf Grund des distriktspolizeilichen Verehelichungszeugnisses kann die Eheschließung vor dem zuständigen Standesbeamten erfolgen.

Distriktspolizeiliches Verehelichungszeugnis: M. E. 18./12./80 A. Bl. 424.

b.

Der dem rechtsrheinischen Bayern angehörende Bräutigam wohnt in der Rheinpfalz oder in einem anderen Teile des deutschen Reiches.

Das Verfahren richtet sich ausschließlich nach dem P. G. vom 6. Februar 1875. Die Bescheinigungen über erfolgtes Aufgebot, sowie die nach den unter C I Ziff. 1—16 vorgetragenen Bestimmungen benötigten Nachweise sind dem zuständigen Bezirksamte, d. i. jenem Bezirksamte, in dessen Bezirk der Heimatort des Bräutigams gelegen ist, zu übersenden, welches dann das nach Art. 33 des H. G. vom 16. April 1868 erforderliche distriktspolizeiliche Verehelichungszeugnis ausstellt. (Vergl. C III a 1).

c.

Der der Rheinpfalz angehörende Bräutigam wohnt im rechtsrheinischen Bayern.

Das Verfahren ist nunmehr das gleiche, wie unter C III b beschrieben; nur wird hier das distriktspolizeiliche Verehelichungszeugnis auf Grund Art. 38 Abs. II des Gesetzes über Heimat und Verehelichung und Aufenthalt vom 16. April 1868 ausgestellt.

d.

Ein Nichtbayer (Deutscher) wohnt im rechtsrheinischen Bayern.

Hier sind nur die Vorschriften des P. G. vom 6. Februar 1875 maßgebend (vergl. C I Ziff. 1—15) und ist die Erholung einer distriktspolizeilichen Genehmigung nicht notwendig.

e.

Ein Ausländer (Nichtdeutscher) wohnt im rechtsrheinischen Bayern.

Hier kommt gleichfalls das P. G. vom 6. Februar 1875 (C I Ziff. 1—15) in Betracht unter Beobachtung der unter C II c bezeichneten Vorschriften.

IV. Die Eheschließung.

a. Der Trauungsakt.

1. Der Standesbeamte kann für Vornahme der Trauungen einen oder mehrere Wochentage festsetzen und in ortsüblicher Weise öffentlich bekannt geben. In dringenden Fällen, z. B. bei Krankheit, muß die Trauung auch an anderen Tagen vorgenommen werden, wenn notwendig auch außerhalb des hiefür bestimmten Lokals.

Vergl. M. E. 5./12./75 III D 1 A. Bl. 685.

2. Die Trauung soll in einem (besonderen) Zimmer stattfinden, dessen Inneres dem Ernste des Trauungsaktes entsprechend ist. Hiebei hat der Standesbeamte in angemessener Kleidung und, wenn zugleich Bürgermeister, mit dem Dienstzeichen zu erscheinen. Da die Verehelichungen öffentlich stattfinden, sind bei etwaigen Störungen der Handlung durch andere Personen letztere zu entfernen.

Verwandtschaft des Standesbeamten mit den Verlobten oder einem derselben steht der Mitwirkung des Ersteren bei der Eheschließung nicht entgegen. Es ist jedoch unstatthaft, daß der Standesbeamte die eigene Eheschließung beurkundet oder als Zeuge bei Eheschließungen fungiert; in diesen Fällen hat er sich stets vertreten zu lassen.

Vergl. M. E. 5. 12./75 III D 2—5 A. Bl. 685; bezüglich Verwandtschaft des Standesbeamten: M. E. 24./11./76 Nr. 12952 abgedr. Kr. A. Bl.

3. Das Brautpaar hat dem Standesbeamten vor der Eheschließung jenen Nachweis zu erbringen, auf Grund dessen er die Trauung vornehmen kann.

Ist derselbe der zuständige Standesbeamte, dann besteht dieser Nachweis in dem distriktspolizeilichen Verehelichungszeugnisse (vergl. C III), bezw. in der Aufgebotsbescheinigung nebst Nachweisen gemäß C I Ziff. 1—15.

Findet die Trauung jedoch vor einem anderen, nicht zuständigen Standesbeamten statt, dann besteht dieser Nachweis in einer standesamtlichen Ermächtigung gem. C I Ziff. 11.

4. Hierauf hat der Standesbeamte die Identität der erschienenen Persönlichkeiten (Brautpaar und Zeugen) festzustellen. (Vergl. A 8 mit *B. Nr.* 4).

5. Nach Erfüllung dieser Voraussetzungen kann der Standesbeamte zur Trauung schreiten und hiebei eine entsprechende Ansprache halten. (*B. Nr.* 81).

6. Dabei hat er die Brautleute zur Abgabe der Erklärung aufzufordern, ob sie die Ehe miteinander eingehen wollen. Haben die Brautleute diese Erklärung dem Standesbeamten gegenüber im bejahenden Sinne abgegeben und hat der Standesbeamte sie hierauf kraft des Gesetzes als rechtmäßig verbundene Eheleute erklärt, dann erfolgt die Aufnahme des Protokolls über die stattgehabte Handlung (Beurkundung).

§ 52 des P. G.

b. Die Beurkundung.

1. Nach Eintragung der fortlaufenden Nummer, des Ortes und des Datums (mit Buchstaben) folgen die Angaben über die

erschienenen Personen nach Maßgabe des Vordrucks und unter Beachtung der in Abschnitt A gegebenen allgemeinen Vorschriften.

Die von dem Brautpaare mitzubringenden zwei (männlichen) Zeugen müssen großjährig, d. h. über 21 Jahre alt sein; ihr Alter ist in vollen Jahren mit Buchstaben anzugeben.

§§ 52, 53 und 54 des P. G.

Beispiele:

1. Familienstand der Brautleute.
   a) ledig: (*B Nr.* 82).
   b) verwitwet oder geschieden: (*B. Nr.* 84).
2. Feststellung der Persönlichkeit nach A 8: (*B. Nr.* 82).
3. Geburts- und Wohnort nach A 15 g: (*B. Nr.* 84).
4. Stand und Namen der Eltern nach A 15:
   a) der Vater oder die Mutter ist verstorben: (*B. Nr.* 82).
   b) die verwitwete Mutter hat sich wieder verehelicht: (*B. Nr.* 83).
   c) dieselbe ist verstorben: (vergl. die Anmerkung zu *B. Nr* 83).
   d) die Mutter ist ledigen Standes: (*B. Nr.* 83).
   e) die ledige Mutter hat sich verheiratet: (*B. Nr.* 84).
   f) die ledige Mutter ist nach ihrer Verheiratung gestorben: (*B. Nr.* 84).

2. Nach diesen Eintragungen folgt die Bestätigung über den Trauungsakt, sowie über die abgegebene bejahende Erklärung des Brautpaares, worauf das Protokoll laut und deutlich vorgelesen wird. Sind Brautleute und Zeugen mit dem Inhalte des Protokolls einverstanden, dann unterzeichnen dieselben zum Zeichen der Genehmigung dasselbe in der dort aufgeführten Reihenfolge. Die Braut hat den Zunamen des Bräutigams zu schreiben und ihren Geburts- (Mädchen-) Namen mit dem vorgesetzten Worte „geborene" anzufügen; z. B. Marie Schönleben, geb. Popp. Das gleiche gilt von Witwen; doch haben dieselben der Vollständigkeit wegen auch ihren letzten Zunamen zu schreiben; z. B. Marie Schönleben, verwitwete Roth, geb. Popp.

3. Die unterschriftliche Anerkennung des Protokolls von Seite der Erschienenen ist im Protokoll selbst mit dem Vermerk: „Vorgelesen, genehmigt und unterschrieben" zu konstatieren. Ist von den erschienenen Personen eine des Schreibens unkundig oder daran verhindert, so ist dies gleichfalls zu konstatieren und dabei gemäß A 10 nach *B. Nr.* 5 und 6 zu verfahren.

4. Sind die erschienenen Personen mit dem Inhalte des verlesenen Protokolls nicht einverstanden, beantragen dieselben eine Ergänzung oder Berichtigung, so kann dieses **vor** der Unterzeichnung der Urkunde durch besonderen Randvermerk **ohne** amtliche Genehmigung sofort erfolgen. Dieser Vermerk ist von den beiden Brautleuten, den zwei Zeugen und dem Standesbeamten zu unterzeichnen. (Vergl. A 17 und *B. Nr.* 84).

5. Auf Antrag der Brautleute kann vor Unterzeichnung der Urkunde eine Vaterschaftsanerkennungserklärung im Protokoll aufgenommen werden. (Vergl. B 15/2a und *B. Nr.* 83).

Vergl. M. E. 20./10./76 Nr. 11922 abgedr. Kr. A. Bl.

6. Nach Unterzeichnung des Protokolls durch die Beteiligten und den Standesbeamten stellt letzterer dem Brautpaare eine gebührenfreie mit Siegel und Unterschrift versehene Bescheinigung über die stattgehabte standesamtliche Eheschließung aus, welche dem Brautpaare dem Geistlichen gegenüber gemäß der unter C I Ziff. 9 vorgetragenen Bestimmung als Ausweis dient. (*B. Nr.* 67).

§ 54 Abs. II des P. G.

c. Nach der Beurkundung.

1. Nach der Protokollaufnahme sind vom Standesbeamten die nicht beschriebenen punktierten Zwischenräume des Vordrucks im Register mit Strichen auszufüllen, falls dieses nicht bereits während der Eintragung erfolgte.

2. Am gleichen Tage ist vom Standesbeamten eine Abschrift des Protokolls in das hiezu bestimmte Nebenregister zu übertragen und diese durch Unterschrift zu beglaubigen. (Vergl. auch A Ziff. 19).

3. Die dem Standesbeamten während der Trauung vorgelegenen Belege (distriktspolizeiliches Verehelichungszeugnis, standesamtliche Ermächtigung u. s. w.) sind nach der Beurkundung dem Sammelakt an entsprechender Stelle einzuverleiben.

4. Das distriktspolizeiliche Verehelichungszeugnis ist stets vom zuständigen Standesbeamten im Sammelakt aufzubewahren, auch wenn die Eheschließung auf Grund einer Ermächtigung durch einen anderen Standesbeamten erfolgt; in letzterem Falle wird von dem eheschließenden Standesbeamten bloß die standesamtliche Ermächtigung aufbewahrt.

5. Wurde die Eheschließung außerhalb des Wohnortes der Ehegatten, also auf Grund einer standesamtlichen Ermächtigung vorgenommen, dann ist von dem eheschließenden Standesbeamten dem Standesbeamten des Wohnortes, der die Ermächtigung ausgestellt hat, eine beglaubigte Abschrift (Heiratsurkunde Form. Bb) zu übermitteln.

Vergl. M. E. 5./12./75 V 3 A. Bl. 687 und M. E. 23./7./80 A. Bl. 315.

6. Der Übersendung einer solchen Abschrift an die Heimatgemeinde des Mannes bedarf es nicht; es ist jedoch zweckmäßig, wenn dieselbe von der erfolgten Eheschließung behufs Evidenthaltung des Verzeichnisses der Heimatberechtigten (Familienbögen) berichtlich in Kenntnis gesetzt wird. (*B. Nr.* 85).

7. Nach der Eheschließung ist ferner unter Angabe der Namen der Brautleute, des Standes und Wohnortes des Mannes, sowie des Jahrganges und der Registernummer, unter welcher die Beurkundung erfolgte, im alphabetischen Register entsprechender Eintrag zu machen; auch sind alle von anderen Standesbeamten einlaufenden Anzeigen über auswärts erfolgte Eheschließungen (siehe Ziff. 5) einzutragen und in der Rubrik „Bemerkung" der Grund des Eintrages anzugeben. Für die alphabetische Reihenfolge ist der Name des Mannes maßgebend. (Siehe Abschnitt F 3 d mit *B. Nr.* 114).

8. Bei Auflösung einer Ehe durch Ehescheidung hat der Standesbeamte auf Grund erhaltener amtlicher Mitteilung der betreffenden Heiratsurkunde einen entsprechenden Randvermerk über die erfolgte Trennung der Ehe beizusetzen. (*B. Nr.* 86). Über Behandlung des Randvermerks siehe A 20 und 23.

§ 55 des P. G.

Ehescheidung: M. Bek. 20./7./76 A. Bl. 331 und M. Bek. 31./1./87 A. Bl. 78.

Aufhebung des § 78 d. P. G.: § 13 Ziff. 6 des G. über Einführung der R. St. P. O. 30./1./77 R. G. Bl. 246.

9. Das Heirats-Haupt- und Nebenregister ist in gleicher Weise wie das Geburtsregister am Jahresschlusse abzuschließen und das Nebenregister dem Kgl. Bezirksamte einzusenden. (Vergl. A 21 und 22 mit *B. Nr.* 15, sowie B 25).

D.

Beurkundung der Sterbefälle.

1. Jeder Sterbefall ist spätestens am nächstfolgenden Wochentage bei jenem Standesbeamten anzumelden, in dessen Bezirk der Tod erfolgt ist. Da hiernach auch an Sonn- und Feiertagen Anzeigen erstattet werden können bezw. müssen, so hat der Standesbeamte auch an diesen Tagen den örtlichen Verhältnissen entsprechende Geschäftsstunden abzuhalten. (Vergl. A 27).

§ 56 des P. G.

2. Zur Anzeige ist das Familienoberhaupt verpflichtet und wenn ein solches nicht vorhanden oder an der Anzeige behindert ist, derjenige, in dessen Wohnung oder Behausung der Sterbefall sich ereignete, oder auch gemäß § 58 und § 19 des P. G. eine andere aus eigener Wissenschaft unterrichtete Person.

Bezüglich der Feststellung der Persönlichkeit siehe A 8 mit *B. Nr.* 4 und der Unterzeichnung der Urkunde A 10 mit *B. Nr.* 5 und 6.

Wird die Todesanzeige von Angehörigen des Verstorbenen

erstattet, dann ist die Zugehörigkeit desselben in der Anzeige ersichtlich zu machen.

Das Alter der Verstorbenen ist nach größten Zeitteilen anzugeben; also in „Jahren und Monaten" unter Weglassung der „Wochen und Tage" u. s. w.

§ 57 und 59 des P. G.

Beispiele:

1. Das Ableben des Mannes wird angezeigt durch die Frau: (*B. Nr.* 87).
2. Das Ableben der Frau wird angezeigt durch den Ehemann: (*B. Nr.* 88).
3. Das Ableben des Vaters wird angezeigt durch den Sohn: (*B. Nr.* 89).
4. Das Ableben der Mutter wird angezeigt durch die verheiratete Tochter: (*B. Nr.* 90).
5. Das Ableben des Vaters wird angezeigt durch ein Drittes (Hausbewohner): [*B. Nr.* 91].
6. Das Ableben eines Witwers wird angezeigt: (*B. Nr.* 92).
7. Das Ableben einer Witwe wird angezeigt: (*B. Nr.* 93).
8. Das Ableben eines ehelichen Kindes wird angezeigt:
   a) durch den Vater: (*B. Nr.* 94).
   b) durch die Mutter: (*B. Nr.* 95).
   c) durch den Bruder: (*B. Nr.* 96).
   d) durch den Stiefvater: (*B. Nr.* 97).
9. Das Ableben eines unehelichen Kindes wird angezeigt:
   a) durch die ledige Mutter: (*B. Nr.* 98).
   b) durch die nunmehr verehelichte Mutter: (*B. Nr.* 99).
   c) durch den Stiefvater: (*B. Nr.* 100).
   d) durch die Pflegemutter: (*B. Nr.* 101).
10. Das Ableben eines verheirateten Kindes wird angezeigt durch dessen Vater: (*B. Nr.* 102).
11. Das Ableben einer fremden Person bei vorübergehendem Aufenthalte wird von einem Hausbewohner angezeigt: (*B. Nr.* 103).
12. Anzeige durch eine Person, welche weder Familienoberhaupt noch Hausbewohner ist: (*B. Nr.* 104).

3. Die Anzeigen sind stets mündlich gegen Unterschrift zu machen, schriftlich von Vorständen einer Anstalt oder bei amtlicher Ermittlung eines Todesfalles. (Vergl. A 11).

§ 58 des P. G.

4. Eine amtliche Ermittlung findet statt, wenn der Todesfall durch Selbstmord oder Unglücksfall, oder durch eine strafbare Handlung herbeigeführt worden ist, oder bei Auffindung einer Leiche einer (unbekannten oder verschollenen) Person.

In allen diesen Fällen erfolgt von der Ortspolizeibehörde die Anzeige an die Staatsanwaltschaft des zuständigen Landgerichtes, eventuell auch an das zuständige Amtsgericht, wenn dahin die Anzeige schneller gelangen kann (und auch an das Kgl. Bezirksamt), wobei das zur Feststellung der Personalität Notwendige berichtet werden muß.

§ 58 Abs. II des P. G.

Sterbefall unbekannter Personen: M. E. 5./12./75 IV 4 A. Bl. 686.

Amtliche Ermittlung eines Todesfalles: M. E. 5./12./75 IV 3 A. Bl. 686 und M. Bek. 6./12./76 A. Bl. 529. (Formular).

Leichenauffindung: § 157 R. St. P. O. und M. E. 3./10./79 A. Bl. 537.

5. Der Standesbeamte darf in den Fällen Ziff. 4 die Beurkundung erst auf Grund einer ihm zugekommenen amtlichen Ermächtigung vornehmen, welche nach vorgeschriebenem Formular zu erfolgen hat.

6. Die Eintragung solcher schriftlichen Todesanzeigen, sowie solcher Sterbefälle von Personen, deren Identität nicht festgestellt werden konnte, erfolgt unter Bezugnahme auf die amtliche Ermächtigung (Anzeige) am Rande unter Durchstreichung des ganzen Vordrucks. Am Schlusse der Urkunde ist die gestrichene Zeilenzahl zu bestätigen und die Urkunde bloß vom Standesbeamten zu unterzeichnen. (Vergl. A 11 und *B. Nr.* 105).

7. Zu Registerauszügen von Eintragungen nach Ziff. 6 dürfen die gewöhnlichen Formulare zu Sterbeurkunden (Form. C c) nicht benützt werden, sondern nur gewöhnliches Schreibpapier. (Vergl. A 24 und *B. Nr.* 57).

8. Vor der Eintragung eines Sterbefalles hat der Standesbeamte sich den Todenschein aushändigen zu lassen und den Inhalt desselben mit den Angaben der anzeigenden Person zu prüfen. Ergeben sich Widersprüche, so ist, soweit möglich, die Berichtigung zu veranlassen und hierauf die Eintragung vorzunehmen. Unbekannte Verhältnisse sind mit „unbekannt" in der Urkunde zu bezeichnen. (Vergl. A 15a mit *B. Nr.* 7a und *B. Nr.* 103). Die Todenscheine sind vom Standesbeamten zu sammeln und am Quartalschlusse dem Kgl. Bezirksarzte zu übersenden.

Siehe: V. Bl. von 1883 S. 638 und 665.

9. Die anzeigende Person erhält nach erfolgter Beurkundung vom Standesbeamten eine Bescheinigung über die geschehene Anzeige gebührenfrei ausgehändigt, welche der Ortspolizeibehörde und dem Geistlichen gegenüber als Ausweis dient. (*B. Nr.* 106).

10. Vor der Eintragung des Sterbefalles in das Sterberegister darf keine Beerdigung stattfinden; es hat die Ortspolizeibehörde daher ein Zeugnis darüber auszustellen, ob der Vornahme der Beerdigung ein ortspolizeiliches Hindernis entgegensteht. Die Ausstellung dieses Zeugnisses ist solange zu verweigern, bis die in Ziff. 9 erwähnte Bescheinigung erbracht, bezw. die nach Ziff. 4 zu erhaltende amtliche Ermächtigung eingetroffen ist oder sonstige ortspolizeiliche Hindernisse noch vorliegen. (*B. Nr.* 107).

Hat eine Beerdigung gleichwohl ohne vorherige Eintragung des Todesfalles im Sterberegister stattgefunden, dann darf die nachträgliche Beurkundung erst nach Ermittelung des Sachverhalts unter Genehmigung der Aufsichtsbehörde (Bezirksamt) vorgenommen werden. (Vergl. B Ziff. 20).

§ 60 des P. G.

Beerdigung ohne ortspolizeiliche Genehmigung: M. E. 5./12./75 IV 5 A. Bl. 687.

11. Erfolgt der Todesfall außerhalb des Wohnortes des Verstorbenen (vergl. *B. Nr.* 103), dann ist beglaubigte Abschrift der betreffenden Eintragung nach Form. Cc (siehe auch Ziff. 7) dem Standesbeamten seines Wohnortes zu übermitteln. Der empfangende Standesbeamte hat diese Abschrift dem Sammelakt einzuverleiben, im alphabetischen Register Vormerkung, im Hauptregister aber keinen Eintrag zu machen.

Die Heimatgemeinde ist zweckmäßig vom erfolgten Ableben eines dort Heimatberechtigten zur Evidenthaltung der Familienbögen berichtlich in Kenntnis zu setzen. (*B. Nr.* 108).

Sterbefall bei vorübergehendem Aufenthalte: M. E. 5./12./75 V 3 A. Bl. 687 und M. E. 23./7./80 A. Bl. 315.

Austausch von Todesscheinen: mit Schweden und Dänemark: M. E. 24./7./95 A. Bl. 423.

12. Über Beurkundung von Totgeburten vergleiche Abschnitt B Ziff. 18 und *B. Nr.* 53, 54 und 55.

13. Über Randvermerke, Berichtigungen und Ergänzungen vergleiche Abschnitt A Ziff. 17, 18, 20 und 23 und die dortigen Beispiele.

14. Von jeder Eintragung und jedem Randvermerke wird am gleichen Tage eine beglaubigte Abschrift in das Nebenregister übertragen. (Vergl. A Ziff. 20).

15. Das Sterbe-Haupt- und Nebenregister wird am Jahresschlusse abgeschlossen (siehe Abschnitt A Ziff. 21 und 22 und *B. Nr.* 15) und das Nebenregister in der ersten Januarwoche des neuen Jahres dem Kgl. Bezirksamte ungeheftet und ungebunden eingesendet.

16. Jeder Sterbefall ist im alphabetischen Register einzutragen, desgleichen die von anderen Standesbeamten einlaufenden Anzeigen über auswärts vorgekommene Sterbefälle und ist in der Rubrik „Bemerkung" der Grund des Eintrages für letzteren Fall zu bemerken. (Vergl. Abschnitt F Ziff. 3d mit *B. Nr.* 115).

E.

Beurkundung des Personenstandes der auf See befindlichen Personen.

1. Geburten und Sterbefälle, welche sich auf Seeschiffen während der Reise ereignen, sind nach den Vorschriften dieses Gesetzes spätestens am nächstfolgenden Tage nach der Geburt oder dem Todesfall von dem Schiffer, oder in seiner Verhinderung von dem Steuermann unter Zuziehung von zwei Schiffsoffizieren oder anderen glaubhaften Personen, in dem Tagebuch zu beurkunden. Bei Sterbefällen ist zugleich die mutmaßliche Ursache des Todes zu vermerken.

§ 61 und 63 des P. G.

Standesamtliche Behandlung der Geburten und Sterbefälle: auf dem Bodensee: M. Bek. 29./3./80 A. Bl. 156; an Bord von Schiffen der Marine: V. O. 4./11./75 V. Bl. 313.

2. Der Schiffer hat zwei von ihm beglaubigte Abschriften der Urkunden demjenigen Seemannsamte, bei dem es zuerst geschehen kann, zu übergeben. Eine dieser Abschriften ist bei dem Seemannsamte aufzubewahren, die andere ist demjenigen Standesbeamten, in dessen Bezirk die Eltern des Kindes, bezw. der Verstorbene ihren Wohnsitz haben oder zuletzt gehabt haben, behufs der Eintragung in das Register zuzufertigen.

§ 62 des P. G.

3. Sobald das Schiff in den inländischen Hafen eingelaufen ist, in welchem es seine Fahrt beendet, ist das Tagebuch der für den Standesbeamten des Hafenortes zuständigen Aufsichtsbehörde vorzulegen. Diese hat beglaubigte Abschrift der in das Tagebuch eingetragenen Standesurkunde dem Standesbeamten, in dessen Register der Fall gehört (§ 62 des P. G.), behufs Kontrolierung der Eintragungen zuzustellen.

§ 64 des P. G.

F.

Die standesamtliche Registratur.

1. Da in den meisten Fällen die Bürgermeister zugleich das Amt eines Standesbeamten bekleiden, so ist darauf zu achten, daß die Standesamtsakten nicht mit den Gemeindeakten vermischt, sondern von denselben streng gesondert gehalten werden. Deshalb ist es notwendig, daß zur Aufbewahrung der

Standesamtsakten ein eigener Registraturschrank benützt und aufgestellt wird. Derselbe soll verschließbar sein und nicht in einem offenen Hausplatz stehen. Bei der Wahl des Aufstellungsortes ist darauf Bedacht zu nehmen, daß bei Feuersgefahr eine Rettung der Standesamtsakten leicht möglich, und daß der Schrank bei Abwesenheit des Standesbeamten dem Stellvertreter zugänglich ist. Es ist von Wichtigkeit, daß der Standesbeamte mit seinem Stellvertreter eine dahinzielende, nach den örtlichen Verhältnissen sich richtende Vereinbarung trifft.

Das Innere des Schrankes ist zweckmäßig in mehrere Fächer einzuteilen, so zwar, daß die Register und verschiedenen Akten je getrennt zur Aufbewahrung gelangen können. Die einzelnen Fächer des Registraturschrankes sind fortlaufend zu numerieren und mit einer auf die inliegenden Akten bezüglichen Aufschrift zu versehen.

Aufbewahrung der Akten: M. E. 5./12./75 V 6 A. Bl. 688, und M. E. 28./9./76 A. Bl. 402, und M. E. 10./1./77 A. Bl. 37.

2. Über sämtliche standesamtliche Akten ist ein Verzeichnis zu führen, aus welchem die Bezeichnung des Aktenstückes, sowie die für dasselbe bestimmte Fachnummer zu ersehen ist. (*B. Nr.* 109).

Aktenstücke und Formulare sind mit Tekturen, diese mit entsprechender Aufschrift und der betreffenden Fachnummer zu versehen.

3. Die Registratur hat zu enthalten:

a. die gebundenen Hauptregister,

b. die ungebundenen Nebenregister fürs laufende Jahr, wenn sie nicht zweckmäßiger an einem besonderen, feuersicheren Orte aufbewahrt werden können,

c. den Sammelakt zu den einzelnen Registern mit dem in den *B. Nr.* 110, 111 und 112 bezeichneten Inhalte.

Der Sammelakt ist nach Jahrgängen in chronologischer Ordnung anzulegen und mit einem Inhaltsverzeichnisse zu versehen. Die im Sammelakt liegenden Produkte sind unter Umschlag zu bringen und auf denselben die entsprechende Aufschrift und Nummer zu setzen, welche gleichfalls im Verzeichnis aufgenommen werden müssen.

Für kleinere Standesamtsbezirke mit geringem Einlauf der im Sammelakt unterzubringenden Produkte kann der letztere auf mehrere Jahre angelegt werden, doch sind innerhalb desselben die eingehenden Urkunden u. dergl. nach Jahrgängen in besonderem überschriebenen Umschlag zu ordnen und mit jährlich fortlaufender Nummer zu versehen.

Sammelakte: M. E. 5./12./75 V 7 A. Bl. 688.

d. Ein alphabetisches Verzeichnis für jedes einzelne Register.

Für kleinere Standesamtsbezirke werden diese Verzeichnisse zweckmäßig für mehrere Jahre angelegt. Die Einträge erfolgen in Registerreihenfolge unter den alphabetischen Anfangsbuchstaben. Beim alphabetischen Heiratsregister ist der Name des Ehemannes für die alphabetische Reihenfolge maßgebend.

Für größere Standesamtsbezirke dürfte es sich empfehlen, die während des Jahres geführten alphabetischen Verzeichnisse nur als provisorische zu betrachten und am Schlusse des Jahres streng alphabetische anzufertigen. In diese (jährlich angelegten Verzeichnisse) sind für Geburten und Sterbefälle, welche am Schlusse des Kalenderjahres erfolgen, aber erst zu Beginn des folgenden Kalenderjahres zur Anmeldung gelangen, also im nächstjährigen Register eingetragen sind, Nachträge unter Angabe des Jahrganges und der Registernummer zu machen.

Außer den Registereinträgen sind auch die von auswärtigen Standesämtern zur Anzeige gelangenden Fälle in den alphabetischen Registern aufzunehmen und der Grund des Eintrages, sowie der Jahrgang und die laufende Nummer in demselben, unter welchen die Urkunde oder Anzeige im Sammelakt sich befindet, in der Rubrik „Bemerkungen" kurz zu bezeichnen; desgleichen ist auf die dem Sammelakt einverleibten amtlichen, bezw. gerichtlichen Mitteilungen in ähnlicher Weise hinzuweisen. Da eine Angabe über Heimat oder Zuständigkeit der zur Anzeige gelangenden Personen in den Urkunden nicht aufgenommen wird, so ist die Vormerkung derselben in der Rubrik „Bemerkung" des alphabetischen Registers anzuempfehlen. (*B. Nr.* 113, 114, 115).

Alphabetische Register: M. E. 5./12./75 V 8 A. Bl. 688.

Vergl. auch: M. E. 20./10./76, abgedr. K. A. Bl., nach welcher die Eintragung des Heimatortes in der Urkunde unzulässig ist.

e. Ein Register zur Kontrole über die nachträglich zu machenden Anzeigen der Vornamen der Kinder. (*B. Nr.* 37).

Konnte bei erfolgter Geburtsanzeige der Vorname des Kindes noch nicht angegeben werden, so ist in diesem Register hievon sofort Vormerkung zu machen und die Einhaltung der zweimonatlichen Anzeigefrist im Auge zu behalten. Erfolgt die Anzeige des Vornamens innerhalb dieser Zeit oder mußte diese gemäß § 68 des P. G. erzwungen werden, so ist dieses gleichfalls im Register zu bemerken. (Vergl. B Ziff. 5).

f. Ein Verzeichnis der vom Standesbeamten verkündeten Aufgebote.

In dieses Verzeichnis sind nur Einträge zu machen, wenn eine Verehelichung eines Mannes (Nichtbayern) ausschließlich nach dem P. G. vom 6. Februar 1875 stattfindet und also das Aufgebot vom Standesbeamten zu erlassen ist. (*B. Nr.* 70).

Verehelichungsbekanntmachungen der Gemeindeverwaltungen nach dem bayerischen Gesetze über Heimat, Verehelichung und

Aufenthalt vom 16. April 1868 sind hier nicht aufzunehmen. (Vergl. C I Ziff. 12—16).

g. Ein Verzeichnis über erhobene Gebühren und Strafen. (*B. Nr.* 116).

Die von dem Standesbeamten erhobenen Gebühren für Urkunden, Familienstandszeugnisse, sowie verfügte Strafen u. s. w., sind hier zu verrechnen und an die Gemeindekassa allmonatlich abzuliefern. Die zur Erhebung gelangenden Gebühren sind nach dem Gebührentarif zu bemessen.

Dieses Verzeichnis ist alljährlich neu anzulegen und das abgeschlossene Verzeichnis des verflossenen Jahres dem Belegband zur Gemeinderechnung als Einnahmebeleg beizuheften.

h. Unter je gesondertem Umschlage folgende Formulare:

1. Zum Geburtsregister:
   Geburtsurkunden, Form. Aa;
   Geburtszeugnisse in abgekürzter Form für Militärzwecke;
   Bescheinigungen über erfolgte Geburtsanzeige;
   Berichtformulare: zur Anzeige einer unehelichen Geburt beim Pflegschaftsgericht; zur Mitteilung einer Geburt an die zuständige Heimatgemeindebehörde u. s. w.;
   Nebenregisterformulare;
   Zählkarten für Geburten.
2. Zum Heiratsregister:
   Bescheinigungen über erfolgte Eheschließung;
   Heiratsurkunden, Form. Bb;
   standesamtliche Ermächtigungen, Form. F;
   Aufgebote, Form. E;
   Aufgebotsbescheinigungen;
   Etwaige Berichtformulare: zur Mitteilung einer Eheschließung an die Heimatgemeindebehörde u. s. w.;
   Nebenregisterformulare;
   Zählkarten für Heiraten.
3. Zum Sterberegister:
   Bescheinigungen über erfolgte Beurkundung eines Sterbefalles;
   Sterbeurkunden, Form. Cc;
   Etwaige Berichtformulare: zur Mitteilung eines Sterbefalls an die Heimatgemeindebehörde u. s. w.;
   Nebenregisterformulare;
   Zählkarten für Sterbefälle.

Anmerkung: Der Vollständigkeit wegen werden hier die von der Gemeindebehörde aus Anlaß einer Eheschließung nach dem bayerischen

H. G. vom 16. April 1868 und eines Sterbefalles benötigten Formulare aufgeführt:

Verehelichungsprotokolle (Gesuch um Ausstellung des distriktspolizeilichen Verehelichungszeugnisses betreffend), Verehelichungsbekanntmachungen, Erklärung der Heimatgemeindeverwaltung nach Art. 36 des Heimatgesetzes, Verwandtschaftszeugnisse, Einwilligungserklärungsprotokolle, Familienstandszeugnisse für die Braut;

ferner: Zeugnis der Ortspolizeibehörde, daß der Beerdigung des Leichnams kein Hindernis im Wege steht, Formular zur Anzeige eines Sterbefalles beim Kgl. Rentamte und Amtsgerichte.

i. Die erhaltenen Leichenschauscheine sind zweckmäßig unter Umschlag aufzubewahren und am Quartalsschlusse dem Kgl. Bezirksarzte einzusenden. (Vergl. D Ziff. 8).

G.

Besondere Geschäfte des Standesbeamten.

Neben der „Beurkundung" obliegen dem Standesbeamten noch eine Reihe besonderer Geschäfte, welche, soweit sie mit ersterer Hand in Hand gehen, in den vorhergehenden Abschnitten bereits näher bezeichnet wurden; weitere sind:

1. Ausstellung von Familienstandszeugnissen bei Verlassenschafts- und Erbschaftsangelegenheiten u. s. w. Diese Zeugnisse haben den Namen, Stand und Wohnort der Eltern und der lebenden Kinder, den Vermerk über etwaiges Ableben der Eltern und die genaue Bezeichnung, aus welcher Ehe das eine oder andere Kind hervorgegangen, oder welche Ehe etwa kinderlos geblieben ist, zu enthalten (*B. Nr.* 66 und 117).

2. Ausstellung gebührenfreier vereinfachter Geburtszeugnisse für militärische Zwecke. (Vergl. A 24 und *B. Nr.* 20).

3. Anfertigung der Geburtsliste und des Sterberegisterauszuges zur Rekrutierungsstammrolle nach den vorgeschriebenen Formularen A und B.

a. Geburtsliste, Form. A. (*B. Nr.* 118).

Die Formulare werden den Standesämtern von der Distriktspolizeibehörde kostenfrei geliefert.

Für jede politische Gemeinde ist eine gesonderte Liste anzulegen; in combinierten Standesamtsbezirken also so viele Listen, als politische Gemeinden zum Standesamtsbezirk gehören.

In die Geburtsliste ist die 17jährige Altersklasse der männlichen Personen aufzunehmen ohne Rücksicht darauf, ob die eine oder andere Person bereits verstorben ist. Das etwaige Ableben ist in der Rubrik „Bemerkungen" anzugeben. In gleicher Weise sind die von den Gemeindebehörden aufbewahrten Geburtslisten auf Grund erhaltener Sterberegisterauszüge stets zu berichtigen, damit bereits verstorbene Militärpflichtige nicht in die Rekrutierungsstammrollen aufgenommen und fortgeführt werden.

Für den Eintrag, welcher in alphabetischer Reihenfolge zu geschehen hat, ist der Geburtstag maßgebend. Ende Dezember geborene Kinder, welche erst im Januar des folgenden Jahres beurkundet wurden, sind also gleichfalls in die Liste des Geburtsjahres aufzunehmen.

Am Schlusse und auf dem Titelblatte ist unterm 15. Januar des betreffenden Jahres die Liste mit Unterschrift und Siegel des Standesbeamten abzuschließen.

Kommen im betreffenden Jahre männliche Geburten nicht vor, dann ist Fehlanzeige zu erstatten.

Geburtslisten oder Fehlanzeigen sind dem Bürgermeister der betreffenden politischen Gemeinde am jeweiligen 15. Januar zu übergeben.

b. Sterberegisterauszüge, Form. B. (*B. Nr.* 119).

Hier gilt zunächst auch das bei Geburtsliste in Absatz 1 und 2 Gesagte.

Die Sterberegisterauszüge sind nicht mehr in der bisher vorgeschrieben gewesenen tabellarischen Form, sondern in der Form einer Sammlung von Einzelauszügen für jeden Verstorbenen anzufertigen. In den Auszug sind alle im vorhergegangenen Kalenderjahre verstorbenen männlichen Personen, welche das 25. Lebensjahr nicht vollendet hatten, aufzunehmen.

Auf dem Titelblatte sind diese Auszüge unterm jeweiligen 15. Januar mit Siegel und Unterschrift des Standesbeamten abzuschließen.

Sind oben bezeichnete Sterbefälle nicht vorgekommen, dann ist Fehlanzeige zu erstatten. Sterberegisterauszüge und Fehlanzeigen sind vom Standesbeamten direkt dem Zivilvorsitzenden der Ersatzkommission am 15. Januar des laufenden Jahres einzusenden.

Die Aufbewahrung der Geburtslisten und der zurückerhaltenen Sterberegisterauszüge, bezw. Fehlanzeigen hat von der betreffenden Gemeindebehörde zu erfolgen und zwar sind die Sterberegisterauszüge, nach Geburtsjahrgängen und innerhalb derselben nach den Anfangsbuchstaben der Namen geordnet, aufzubewahren.

Vergl. M. E. 24./12./75 A. Bl. 769; M. E. 6./3./76 A. Bl. 127;
Formular zur Geburtsliste: M. E. 7./4./93 A. Bl. 69;
Formular zum Sterberegisterauszug: M. E. 1./6./95 A. Bl. 321.

4. Herstellung der Listen für die der Erstimpfung vorzustellenden Kinder. (*B. Nr.* 120).

Für jede politische Gemeinde ist vom Standesbeamten eine besondere Impfliste anzulegen und werden ihm bis 15. Januar eines jeden Jahres die benötigten Formulare von der Distriktspolizeibehörde kostenfrei zugesandt. Der Standesbeamte füllt die Listen in Kolonne 2 mit 5 aus und trägt die Namen der im verflossenen Jahre geborenen Kinder in alphabetischer Reihenfolge auf Grund des Geburtsregisters ein; etwa verstorbene Kinder sind in die Liste nicht aufzunehmen. Hierauf ist die Liste vom Standesbeamten am 15. Februar mit Siegel und Unterschrift abzuschließen und am gleichen Tage der Ortspolizeibehörde zu übergeben. Diese ergänzt die Liste in der Rubrik „Bemerkungen" unter Angabe des derzeitigen Aufenthaltes, wenn das Kind etwa verzogen ist, trägt zugezogene (Kost-) Kinder nach und schließt die Liste mit der Bestätigung, daß sonst keine impfpflichtigen Kinder in der Gemeinde sich befinden, mit Datum, Siegel und Unterschrift ab und übersendet sie am 1. März der zuständigen Distriktspolizeibehörde.

Impfgesetz: 8./4./74 V. Bl. von 1875 St. 132; Vollzugsvorschrift: 24./2./75 V. Bl. 117.

5. Die Ausfüllung der Zählkarten.

a. Allgemeine Bestimmungen.

Für jeden einzelnen in die Standesregister eingetragenen Fall ist vom Standesbeamten eine besondere Zählkarte auszufüllen. Zur leichteren Unterscheidung sind die Zählkarten für Geburten von weißem, jene für Eheschließungen von gelbem und jene für Sterbefälle von grauem Papier angefertigt. Die Ausfüllung derselben erfolgt am besten sofort nach erfolgter Beurkundung; es kann jedoch ausnahmsweise auch eine spätere Ausfüllung stattfinden, doch müssen die Fragen des Vordruckes der Zählkarten der Wirklichkeit entsprechend beantwortet werden.

Die ausgefüllten Zählkarten sind innerhalb eines Vierteljahres zu sammeln und dann nach Ablauf desselben an das Kgl. statistische Bureau in München unter Couvert ohne Begleitschreiben einzusenden. Die Zählkarten sind für jene Geburten und Sterbefälle auszufüllen, welche im betreffenden Vierteljahre auch wirklich erfolgt sind, gleichviel, ob die Anzeige dieser Geburt und Sterbefälle in dem betreffenden Vierteljahre oder im folgenden erst erstattet worden ist.

Aus diesem Grunde sollen die Zählkarten nicht vor dem 10. des ersten Monats des neuen Vierteljahres, (also 10. Januar, 10. April, 10. Juli und 10. Oktober) zur Einsendung gelangen.

Falls in einem Vierteljahre Geburten, Sterbefälle oder Eheschließungen nicht vorgekommen sein sollten, so ist gleichwohl unter Benützung des Zählkartenformulars an das statistische Bureau in München Fehlanzeige zu erstatten und zwar in der Weise, daß nach Beisetzung der Überschrift das Kartenformular mit einem quer geschriebenen „Nicht vorgekommen" versehen wird. (*B. Nr.* 121).

Die Standesbeamten erhalten für je 100 Zählkarten 3 Mk. Kopialentschädigung, welche ihnen von der Distriktsverwaltungsbehörde ohne vorherige Liquidation ausgehändigt wird.

Der Bedarf an Zählkarten wird vom Kgl. statistischen Bureau stets zu Anfang einer Finanzperiode auf 2 Jahre unentgeltlich geliefert; sollten die übersandten Zählkarten nicht ausreichen, dann ist der weitere Bedarf dem Kgl. statistischen Bureau direkt anzuzeigen. (*B. Nr.* 122).

b. Besondere Bestimmungen.

Geburten, Form. A. (*B. Nr.* 123).

Für jedes Kind ist eine besondere Zählkarte auszufüllen, auch wenn eine Mehrgeburt vorliegt. In letzterem Falle ist auf der Karte genau anzugeben, wie viele Knaben und Mädchen geboren wurden und sind die Nummern des Registers beizufügen, unter welchen die übrigen zur Mehrgeburt gehörigen Geborenen eingetragen sind.

Für Totgeborene ist eine Geburtskarte und keine Sterbekarte auszufüllen. (*B. Nr.* 124).

Aus der Bezeichnung des Standes, Berufes oder Gewerbes des Vaters bezw. bei unehelichen Kindern der Mutter muß auch die Stellung des Vaters oder der Mutter ersichtlich sein, z. B. ob Meister, Geselle, Gehilfe, Verwalter, Besitzer u. s. w.

In die Rubrik „Bemerkung" ist dann ein Eintrag zu machen, wenn das Kind in einer öffentlichen Anstalt oder auf See geboren wurde, oder ein Findling ist.

Heiraten, Form. B. (*B. Nr.* 125).

Unter „bisheriger Familienstand" der Eheschließenden ist anzugeben, ob dieselben ledig, d. h. noch niemals verheiratet, verwitwet oder geschieden waren. Auch hier ist bei Angabe des Berufes die Stellung der Eheschließenden kenntlich zu machen.

Die Beantwortung der Frage über Legitimation etwaiger unehelicher Kinder wird bei sofortiger Ausfüllung der Zählkarten auf schonende Fragen hin leicht möglich sein; übrigens sind diese Verhältnisse dem Standesbeamten auf dem Lande meistens persönlich bekannt.

Sterbefälle, Form. C. (*B. Nr.* 126).

Die Angabe, ob die unter 15 Jahren verstorbenen Kinder eheliche oder uneheliche waren, ist von großer Wichtigkeit und ist deshalb, soweit dem Standesbeamten diese Verhältnisse nicht persönlich bekannt sind, in geeigneter Weise diesbezügliche Frage zu stellen.

Bei gestorbenen, nicht selbst erwerbsthätigen Kindern unter 15 Jahren ist der Beruf des Vaters anzugeben. War das Kind vaterlos, dann ist der Stand der Mutter anzugeben; ist es vater- und mutterlos, dann ist anzugeben, daß es Waise ist.

In der Rubrik „Bemerkung" ist ersichtlich zu machen, ob der Sterbefall in einer Anstalt und welcher Art derselben, oder auf See vorgekommen ist. Auch ist bei jenen Todesfällen, bei welchen eine amtliche Ermittelung vorgeschrieben ist, z. B. bei Unglücksfällen, Selbstmorden, strafbaren Handlungen, gefundenen Leichen, vorkommenden Falles unter den „Bemerkungen" gleichfalls Erwähnung zu thun.

Zählkarten: M. E. 23./12./75 A. Bl. 753.
Kopialentschädigung: M. E. 6./4./77 A. Bl. 147 und M. E. 20./4./78 A. Bl. 142.

6. Zur Evidenthaltung der Adelsmatrikel sind alljährlich mit der Einsendung der Nebenregister dem Kgl. Bezirksamte Konspekte über die in den adeligen Familien des Standesamtsbezirkes vorgekommenen Geburten, Verehelichungen und Sterbefälle vorzulegen (*B. Nr.* 127), eventuell Fehlanzeige zu erstatten (*B. Nr.* 128).

Vergl. M. E. 14./5./76 z. B. abgedr. K. A. Bl. von Mittelfranken von 1876 St. 579.

7. Je nach den mit anderen Staaten getroffenen Übereinkünften sind über die im Standesamtsbezirke vorgekommenen Geburten, Eheschließungen und Sterbefälle von Ausländern dem Kgl. Bezirksamte Registerauszüge zu übermitteln.

Vergl. die nach C II c angeführten gesetzlichen Bestimmungen, sowie die M. E. 24./7./95 A. Bl. 423.

8. Jeder Todesfall eines Beamten, eines Geistlichen u. s. w. ist dem Kgl. Bezirksamte berichtlich anzuzeigen.

9. Die Standesbeamten haben den Gemeindeverwaltungen auf Ansuchen alle möglichen Auskünfte kostenfrei zu erteilen, welche dieselben in den Stand setzen, die von ihnen zu führenden Verzeichnisse der Gemeindebürger und Heimatberechtigten (Familienbögen), verschiedene Wählerlisten u. s. w. herzustellen bezw. evident zu halten.

Siehe Landtagswahlgesetz v. 21./3./81 Art. 6 V. Bl. 105.

10. Die Ortspolizeibehörde hat von jedem im Ortspolizeibezirke vorkommenden Todesfalle in möglichster Bälde dem

Kgl. Amtsgerichte, in dessen Bezirk die verstorbene Person ihren ständigen Wohnsitz hatte, und wenn ein solcher nicht bekannt sein sollte, dem nächst gelegenen Kgl. Amtsgerichte Anzeige zu erstatten. Ausgenommen sind jene in Anstalten sich ereignende Todesfälle, welche von der Verwaltung oder den Vorständen der betreffenden Anstalten dem zuständigen Amtsgerichte zur Anzeige zu bringen sind. (*B. Nr.* 129).

M. E. vom 10./4./96 A. Bl. 112.

Unter Benützung des gleichen Anzeigeformulars sind auch die Kgl. Rentämter von jedem in der Gemeinde erfolgten Todesfalle behufs Regulierung der Erbschaftssteuer in Kenntnis zu setzen.

Art. 28 des bayer. Erbschaftssteuergesetzes vom 18./8./79 V. Bl. 892 und Vollzugsbestimmungen vom 21./9./79 V. Bl. 1211.

H.

Gebühren und Strafen.

I. Gebührentarif.

Für die anläßlich einer Geburt, Heirat oder eines Sterbefalles vom Standesbeamten (bezw. Bürgermeister) zu fertigenden Registerauszüge, Zeugnisse, Bescheinigungen u. s. w. werden folgende Gebühren erhoben:

a. Gebührenfrei sind:

1. Die Verhandlungen bei Beurkundung der Geburten, Heiraten und Sterbefälle.
2. Bescheinigungen über erfolgte Geburtsanmeldung, Eheschließung und der Anmeldung eines Sterbefalles.
3. Das standesamtliche Aufgebot, sowie die über den Erlaß desselben ausgestellten Bescheinigungen mit der Bestätigung, daß Ehehindernisse nicht zur Kenntnis des Standesbeamten gekommen sind.
4. Registerauszüge für Unvermögende.
5. Registerauszüge, welche im amtlichen Interesse erfolgen.
6. Ausstellung vereinfachter Geburtszeugnisse für militärische Zwecke.
7. Zeugnisse (Urkunden), die zur Begründung der Pensionseinweisung auf den Pensionsfond für die Bediensteten der Kgl. Verkehrsanstalt ausgestellt werden.

   Vergl. M. E. 31./7./79 A. Bl. 321.
8. Die Vorlage der Register an Geistliche oder andere Religionsdiener zur Einsicht.

9. Die Bescheinigung der Ortspolizeibehörde über Genehmigung der Beerdigung.
10. Die Erklärung der Heimatgemeindeverwaltung nach Art. 36 des bayer. Gesetzes über Heimat und Verehelichung vom 16. April 1868.

b. Die Gebühr beträgt 50 Pfg.

1. Für Ausstellung eines beglaubigten Auszuges aus den Standesregistern einschließlich der Schreibgebühren.
2. Für Ausstellung einer schriftlichen Ermächtigung behufs Verehelichung bei einem nicht zuständigen Standesbeamten.
3. Für einfache Bescheinigung des Datums einer Geburt, Eheschließung oder eines Sterbefalles.
4. Für Vorlegung der Register zur Einsicht, mit Ausnahme des Falles unter a Ziff. 8, für einen Jahrgang.
5. Für ein Einwilligungserklärungsprotokoll vor dem Bürgermeister.
6. Für ein Familienstandszeugnis der Gemeindeverwaltung für die Braut.
7. Für das vom Bürgermeister aufgenommene Verehelichungsprotokoll, Gesuch um Ausstellung des distriktspolizeilichen Verehelichungszeugnisses betreffend.

c. Die Gebühr beträgt 1 Mk.

1. Für Vorlegung von 2 Jahrgängen der Register zur Einsicht, ausgenommen den Fall unter a Ziff. 8.
2. Für einen Auszug aus den Registern, welcher das Nachschlagen von 2 Jahrgängen erfordert.
3. Für ein Verwandtschaftszeugnis der Gemeindebehörde.
4. Für die Verehelichungsbekanntmachung der Gemeindeverwaltung.

d. Die Gebühr beträgt 1 Mk. 50 Pfg.

1. Für Vorlegung von 3 und mehr Jahrgängen der Register zur Einsicht, ausgenommen den Fall unter a Ziff. 8.
2. Für einen Auszug aus den Registern, welcher das Nachschlagen von 3 Jahrgängen erfordert; z. B. bei Ausstellung standesamtlicher Familienstandszeugnisse.

e. Die Gebühr beträgt 2 Mk.

Für einen auf mehrere Eintragungen sich beziehenden Auszug, welcher das Nachschlagen von 4 und mehr Jahrgängen der Register erfordert; z. B. bei Ausstellung von standesamtlichen Familienstandszeugnissen.

Eine höhere Gebühr als 2 Mk. darf für ein standesamtliches Zeugnis nicht erhoben werden.

II. Strafen.

1. Wer die nach dem Gesetze vorgeschriebenen Anzeigen nicht rechtzeitig erstattet, wird mit Geldstrafe bis zu 150 Mk. oder mit Haft bestraft.

Die Strafverfolgung tritt nicht ein, wenn die Anzeige, obwohl nicht von den zunächst Verpflichteten, doch rechtzeitig gemacht worden ist.

§ 68 Abs. I und II des P. G.

2. Die Standesbeamten sind berechtigt, die zu Anzeigen oder sonstigen Handlungen auf Grund dieses Gesetzes Verpflichteten hiezu durch Geldstrafen anzuhalten, welche für jeden einzelnen Fall den Betrag von 15 Mk. nicht übersteigen dürfen.

§ 68 Abs. III des P. G.

3. Wer vorsätzlich unrichtige Anzeige erstattet, wird gemäß §§ 169, 271, 272 und 273 des R. St. G. B. bestraft.

4. Für Eheschließungen unter Außerachtlassung der in dem P. G. vom 6. Februar 1875 gegebenen Vorschriften durch den Standesbeamten wird derselbe mit Geldstrafe bis zu 600 Mk. bestraft.

§ 69 des P. G.

5. Ein Geistlicher oder anderer Religionsdiener, welcher zu den religiösen Feierlichkeiten einer Eheschließung schreitet, bevor ihm nachgewiesen worden ist, daß die Ehe vor dem Standesbeamten geschlossen sei, wird mit Geldstrafe bis zu 300 Mk. oder mit Gefängnis bis zu 3 Monaten bestraft.

§ 67 des P. G.

6. Die Standesbeamten unterstehen der Aufsicht des Bezirksamts und ist dasselbe befugt, gegen dieselben Warnungen, Verweise und Geldstrafen bis zu 100 Mk. zu verhängen.

§ 11 des P. G.

Anhang.

Standesamtlicher Terminkalender.

A.

a. Anzuzeigen ist:
   1. die Geburt innerhalb 7 Tagen;
   2. der Vorname innerhalb 2 Monaten;
   3. der Sterbefall, eine Totgeburt oder das Ableben der während der Geburt verstorbener Kinder und die Auffindung eines neugebornen Kindes: spätestens am nächstfolgenden Tage.

b. Nach der Beurkundung ist am gleichen Tage:
   1. eine Abschrift der Urkunde und eines Randvermerkes ins Nebenregister zu übertragen;
   2. eine Bescheinigung über die Anmeldung einer Geburt, eines Sterbefalles oder einer Eheschließung den zur Anzeige bezw. Trauung Erschienenen auszustellen;
   3. eine Zählkarte auszufüllen.

c. Für Aufgebote nach dem Personenstandsgesetze vom 6. Februar 1875 ist eine 14tägige (ausschließlich des Aushangs- und Abnahmetages), für Verehelichungsbekanntmachungen der Gemeindeverwaltungen nach dem bayerischen Heimat- und Verehelichungsgesetze vom 16. April 1868 eine 10tägige Veröffentlichungsfrist festgesetzt.

B.

1. Januar:	Abschluß der Haupt- und Nebenregister. Anlage der Nebenregister für das neue Jahr.
3. Januar:	Einsendung der Leichenschauscheine vom letzten Quartal an den Kgl. Bezirksarzt.
1.—7. Januar:	Einsendung der Nebenregister mit der Übersicht über den Stand des Adels an das Kgl. Bezirksamt.
10. Januar:	Einsendung der Zählkarten des letzten Quartals an das Kgl. statistische Bureau in München.

1.—15. Januar:	Anfertigung eines Auszuges aus dem Geburtsregister des um 17 Jahre zurückliegenden Kalenderjahres über die Geburtsfälle von Kindern männlichen Geschlechts.
1.—15. Januar:	Anfertigung der Auszüge aus dem Sterberegister des letztverflossenen Jahres über die Todesfälle männlicher Personen, welche das 25. Lebensjahr noch nicht vollendet haben.
15. Januar:	Abschluß und Übergabe der Geburtsliste an die zuständige Gemeindebehörde. Abschluß und Übersendung des Sterberegisterauszuges an den Zivilvorsitzenden der Ersatzkommission.
15. Januar bis 15. Februar:	Anfertigung der Liste der zur Erstimpfung vorzuführenden Kinder.
15. Februar:	Abschluß und Übergabe dieser Liste an die Ortspolizeibehörde.
1. März:	Abschluß der Impfliste durch die Ortspolizeibehörde und Einsendung an das Kgl. Bezirksamt.
3. April:	Einsendung der Leichenschauscheine pro I. Quartal des lfd. Js.
10. April:	Einsendung der Zählkarten pro II. Quartal des lfd. Js.
3. Juli:	Einsendung der Leichenschauscheine pro II. Quartal des lfd. Js.
10. Juli:	Einsendung der Zählkarten pro II. Quartal des lfd. Js.
3. Oktober:	Einsendung der Leichenschauscheine pro III. Quartal des lfd. Js.
10. Oktober:	Einsendung der Zählkarten pro III. Quartal des lfd. Js.
Oktober:	Anzeige des Bedarfs an Registerformularen an das Kgl. Bezirksamt.

Beilagen.

NB. Die folgenden Beispiele sind in entsprechender Abänderung von Namen ꝛc. der Praxis entnommen.

Formular zum Geburtsregister. **B. Nr. 1.**

Nr. A.

.... am .... 18 ....

Vor dem unterzeichneten Standesbeamten erschien heute, der Persönlichkeit nach ....
.... kannt,
....
....
wohnhaft zu ....
.... Religion, und zeigte an, daß von der
....
.... Religion,
wohnhaft ....
....
zu ....
am .... ten .... des Jahres
tausend acht hundert .... zig und .... mittags
um .... Uhr ein Kind .... lichen
Geschlechts geboren worden sei, welches .... Vornamen
....
erhalten habe
....
....

Vorgelesen, genehmigt und ....
....

Der Standesbeamte.

....

Die Uebereinstimmung mit dem Hauptregister beglaubigt*)
...., den .... ten .... 18 ....

Der Standesbeamte.

....

*) Uebereinstimmungsklausel im Geburts-Nebenregister.

Formular zum Heiratsregister. **B. Nr. 2.**

Nr. .... B.

.... am .... ten
.... tausend acht hundert .... zig und ....

Vor dem unterzeichneten Standesbeamten erschienen heute zum Zwecke der Eheschließung:

1. der ....

der Persönlichkeit nach ....
.... kannt,
.... Religion, geboren den ....
.... des Jahres tausend acht hundert
.... zu ....
...................., wohnhaft zu ....
....

Sohn de ....
....
.... wohnhaft
zu ....

2. die ....
....

der Persönlichkeit nach ....

.... kannt,
.... Religion, geboren den ....
.... des Jahres tausend acht hundert
.... zu ....
...................., wohnhaft zu ....
....

Tochter de ....
....
.... wohnhaft
zu ....

Als Zeugen waren zugezogen und erschienen:

3. d ....

....

der Persönlichkeit nach ....

....kannt,

..................................Jahre alt, wohnhaft zu..................................

......

4. d

der Persönlichkeit nach ....

....kannt,

..................................Jahre alt, wohnhaft zu..................................

In Gegenwart der Zeugen richtete der Standesbeamte an die Verlobten einzeln und nacheinander die Frage:

ob sie erklären, daß sie die Ehe mit einander eingehen wollen. Die Verlobten beantworteten diese Frage bejahend und erfolgte hierauf der Ausspruch des Standesbeamten, daß er sie nunmehr kraft des Gesetzes für rechtmäßig verbundene Eheleute erkläre.

....

....

....

....

Vorgelesen, genehmigt und ....

....

....

....

Der Standesbeamte.

....

....

Die Uebereinstimmung mit dem Hauptregister beglaubigt*)

.................................., den..............ten.............................. 18..............

Der Standesbeamte.

....

*) Uebereinstimmungsklausel im Heirats-Nebenregister.

Formular zum Sterberegister. *B. Nr. 3.*

Nr. .... C.

.... am .... 18 ....

Vor dem unterzeichneten Standesbeamten erschien heute, der Persönlichkeit nach ....

.... kannt,

....

wohnhaft zu ....
und zeigte an, daß ....

....

.... alt .... Religion
wohnhaft zu ....
geboren zu ....

....

....

.... de ....

....

....

zu ....
am .... ten ....
des Jahres tausend acht hundert .... zig und ....
.... mittags um .... Uhr
verstorben sei

....

Vorgelesen, genehmigt und ....

....

....

Der Standesbeamte.

....

....

Die Uebereinstimmung mit dem Hauptregister beglaubigt*)
...................................., den .... ten .... 18 ....

Der Standesbeamte.

....

*) Uebereinstimmungsklausel im Sterbe-Nebenregister.

Feststellung der Persönlichkeit der zur Anzeige Erschienenen. **B. Nr. 4.**

Der Anfang der aufzunehmenden Urkunde hat zu lauten:

Vor dem unterzeichneten Standesbeamten erschien heute, der Persönlichkeit nach ________________ bekannt,

der Bäckermeister Johann Kolb u. s. w.

oder:

Vor dem unterzeichneten Standesbeamten erschien heute, der Persönlichkeit nach *durch den von Person bekannten Schmiedmeister Johann Fehn* ________________ anerkannt,

der Bäckermeister Johann Kolb u. s. w.

oder:

Vor dem unterzeichneten Standesbeamten erschien heute, der Persönlichkeit nach *auf Grund vorgelegten Heimatscheines* ________________ anerkannt,

der Bäckermeister Johann Kolb u. s. w.

Unterzeichnung der Urkunde durch die erschienenen Persönlichkeiten. **B. Nr. 5.**

I. Der Schluß der Geburts- oder Sterbeurkunden hat zu lauten:

Vorgelesen, genehmigt und *unterschrieben:*

Friedrich Rost.

Der Standesbeamte.

N.

oder:

Vorgelesen genehmigt und *von dem Taglöhner Friedrich Rost wegen Schreibensunkunde mit seinem Handzeichen versehen.*

† † †

Der Standesbeamte.

N.

II. Bei Heiratsurkunden hat der Schluß vollständig zu lauten:

Vorgelesen, genehmigt und *unterschrieben:*

Johann Gellinger.
Maria Gellinger, geb. Amm.
Friedrich Rost.
Heinrich Zennß.
Der Standesbeamte.
N.

oder:

Vorgelesen, genehmigt und *von dem Taglöhner Friedrich Rost wegen Schreibensunkunde mit seinem Handzeichen versehen, von den andern Erschienenen unterschrieben:*

Johann Gellinger.
Maria Gellinger, geb. Amm.
† † †
Heinrich Zennß.
Der Standesbeamte.
N.

Unterzeichnung der Urkunde durch die erschienenen Persönlichkeiten. ***B. Nr. 6.***

I. Der Schluß der Geburts- und Sterbeurkunden hat zu lauten:

Vorgelesen, genehmigt und *von dem Taglöhner Friedrich Rost wegen kranker Hand*) mit einem Handzeichen versehen.*

† † †
Der Standesbeamte.
N.

II. Der Schluß der Heiratsurkunden hat vollständig zu lauten:

Vorgelesen, genehmigt und *von dem Taglöhner Friedrich Rost wegen kranker Hand*) mit einem Handzeichen versehen, von den anderen Erschienenen unterschrieben.*

Johann Gellinger.
Maria Gellinger, geb. Amm.
† † †
Heinrich Zennß.
Der Standesbeamte.
N.

B. Nr. 6 a.

Unterzeichnung der Urkunde durch den Stellvertreter:

Der Standesbeamte.
In Vertretung:
N.

---

*) Ist die anzeigende bezw. erschienene Person auch zur Beifügung eines Handzeichens nicht im Stande, dann muß es oben heißen:
I. „wegen kranker Hand nicht unterschrieben."
II. „wegen kranker Hand nicht, von den 2c. . ."

Eintragung bei unvollständigen Angaben und deren Ergänzung durch Randvermerk. **B. Nr. 7 a.**

B. Nr. 7 c.

Schauerberg,
am 5. September 1890.

Gemäß Verfügung des Königlichen Amtsgerichtes Markt-Erlbach vom 3. September 1890 wird hieher berichtigend bemerkt, daß die nebenbezeichnete verstorbene Gütlers-Witwe Barbara Bartenbacher eine Tochter des verstorbenen Taglöhners Johann Mahr und seiner verstorbenen Ehefrau Elisabeta, geb. Eskofier, zu Brunn gewesen ist.

Der Standesbeamte.
N.

Nr. 8. C.

Schauerberg, am *12. Juli* 1890.

Vor dem unterzeichneten Standesbeamten erschien heute, der Persönlichkeit nach ——— ——— *bekannt*,

der Gütler Friedrich Bartenbacher ———

wohnhaft zu *Schauerberg, Haus Nr. 7* ———

und zeigte an, daß *seine Mutter, die Gütlerswitwe Barbara Bartenbacher, geb. Mahr* ——— *achtzig und ein Jahre drei Monate* ——— alt *evangelischer* Religion wohnhaft zu *Schauerberg in seiner Wohnung* geboren zu *Neuhof, verehelicht gewesen mit dem verstorbenen Gütler Andreas Bartenbacher zu Neidhardswinden* ———

Tochter des *verstorbenen Taglöhners Johann Mahr und seiner verstorbenen Ehefrau (unbekannt)* ———

zu *Schauerberg, Haus Nr. 7* ———

am ——— *elften Juli* ———

des Jahres tausend acht hundert *neun*zig und —

*vor*mittags um *sechs* ——— Uhr

verstorben sei. ———

Vorgelesen, genehmigt und *unterschrieben:*

Friedrich Bartenbacher. ———

Der Standesbeamte.
N.

B. Nr. 7 b.

E.-Nr. .... Schauerberg, den 17. Juli 1890.

Der Standesbeamte
von Schauerberg.
An das
Kgl. Bezirksamt
Neustadt a. A.

Betreff:
Berichtigung einer standesamtlichen Eintragung gemäß § 65 des Personenstandsgesetzes vom 6. Februar 1875.

Mit 2 Beilagen.

Laut anliegender Sterbeurkunde war der Name der Mutter der am 11. Juli 1890 zu Schauerberg verstorbenen Gütlerswitwe Barbara Bartenbacher unbekannt und wurde dieses in der Urkunde erkenntlich gemacht.

Nach pfarramtlicher Bescheinigung hieß deren Mutter: Elisabeta Bartenbacher, geb. Eskofier.

Es wird das ergebenste Ersuchen gestellt:

„Kgl. Bezirksamt Neustadt a. A. wolle die Ergänzung des besagten Eintrages gütigst veranlassen."

Gehorsam!

Der Standesbeamte.

N.

Bezeichnung des Standes oder Gewerbes. **B. Nr. 8.**
(Vergl. A 15 d).

Es muß in der Urkunde heißen:

Der Schuhmacher Johann Kiesel zeigt an, „daß seine Ehefrau Anna Maria, geb. Bertholdt“

und nicht:

„daß die Schuhmachersehefrau Anna Maria, geb. Bertholdt“ u. s. w.

oder:

Die Schuhmachersfrau Anna Maria Kiesel, geb. Bertholdt, zeigt an, „daß Johanna Kiesel . . . . Tochter der Anzeigenden“

und nicht:

„daß die Schuhmacherstochter Johanna Kiesel . . . . Tochter der Anzeigenden“ u. s. w.

Ortsbezeichnung. **B. Nr. 9.**
(Vergl. A 15 g).

Es genügt die Angabe nicht:

wohnhaft zu „Elgersdorf“, oder „Büchenbach“, oder „Neustadt“,

sondern es muß heißen:

wohnhaft zu „Elgersdorf, Gemeinde Gunzendorf“, oder „Büchenbach, Königlichen Bezirksamts Schwabach“, oder „Neustadt an der Aisch“.

Dagegen genügt die Angabe:

geboren zu „Nürnberg“, oder „Dresden“ u. s. w.

Wohnungsbezeichnung. **B. Nr. 10.**
(Vergl. A 15 h).

Hat der Anzeigende und die zur Anzeige gebrachte Person die gleiche Wohnung inne, dann kann dieselbe nach der erstmaligen genauen Angabe folgendermaßen bezeichnet werden:

wohnhaft zu *Emskirchen bei ihm*

oder:

wohnhaft zu *Emskirchen in seiner Wohnung*

oder:

wohnhaft zu *Emskirchen in des Anzeigenden Wohnung.*

(Vergl. die Mustereinträge von Geburts- und Sterbefällen!)

Abschrift eines unrichtigen Eintrages. **B. Nr. 11.**

Sterbeurkunde. C c.

Nr. *8*.

Schauerberg, am *12. Juli* 1*890*.

Vor dem unterzeichneten Standesbeamten erschien heute, der Persönlichkeit nach bekannt,
die ledige Dienstmagd Karolina Eskofier

wohnhaft zu *Schauerberg, Haus Nr. 5*
und zeigte an, daß *Johanna Eskofier*

zwölf Jahre zwei Monate alt, *evangelischer* Religion,
wohnhaft zu *Schauerberg, Haus Nr. 5*
geboren zu *Emskirchen*

Tochter der *Anzeigenden*

zu *Schauerberg in ihrer Wohnung*
am *elf*ten *Juli*
des Jahres tausend acht hundert *neun*zig und
*vor*mittags um *fünf* Uhr
verstorben sei.

Vorgelesen, genehmigt und *unterschrieben:*
Karolina Eskofier.

Der Standesbeamte.
N.

Daß vorstehender Auszug mit dem Sterbe-Haupt-Register des Standesamts zu *Schauerberg* gleichlautend ist, wird hiermit bestätigt.
Schauerberg, am *17* ten *Juli* 1*890*.

Der Standesbeamte.
(Siegel). N.

B. Nr. 11 a.

E.-Nr.......................

Schauerberg, den 17. Juli 1890.

Der Standesbeamte
von Schauerberg.

An das
Kgl. Bezirksamt
Neustadt a. A.

Betreff:
Berichtigung einer standesamtlichen Eintragung gemäß § 65 des Personenstandsgesetzes vom 6. Februar 1875.

Mit 2 Beilagen.

Laut anliegender Sterbeurkunde wurde das am 11. Juli lfd. Js. verstorbene Kind Johanna Eskofier als zu Emskirchen geboren angezeigt, was sich nunmehr nach anliegender Geburtsurkunde insofern als unrichtig erweist, als dasselbe in Schauerberg geboren wurde.

Es wird deshalb das ergebenste Ersuchen gestellt:

„Kgl. Bezirksamt Neustadt a. A. wolle die amtliche Berichtigung der irrigen Eintragung gütigst veranlassen."

Gehorsam!

Der Standesbeamte.
N.

Berichtigender Randvermerk. **B. Nr. 11 b.**

Schauerberg,
den 5. September 1890.

Gemäß Verfügung des Königlichen Amtsgerichts Markt Erlbach vom 3. September 1890 wird hieher berichtigend bemerkt, daß das nebenbezeichnete Kind Johanna Eskofier nicht in Emskirchen, sondern in Schauerberg geboren worden ist.

Der Standesbeamte.
N.

Berichtigung des Eintrages vor der Unterzeichnung der Urkunde.
(Nebenregistereintrag).

B. Nr. 12.

Nr. 17. C:

Emskirchen, am *12. September* 1*893*.

Vor dem unterzeichneten Standesbeamten erschien heute der Persönlichkeit nach —— —— bekannt, *der Musiker Johann Rümler* ——

wohnhaft zu *Emskirchen, Ossing, Haus Nr. 8* und zeigte an, daß *sein Onkel, der Altsitzer Leonhardt Schmidt* —— —— *siebenzig und neun Jahre vier Monate* —— alt, *evangelischer* Religion, wohnhaft zu *Emskirchen, Ossing, Haus Nr. 8* geboren zu *Emskirchen, verehelicht gewesen mit der verstorbenen Friederika, geb. Rögner, zu Emskirchen* ——

Sohn —— des *verstorbenen Musikers Johann Schmidt und seiner verstorbenen Ehefrau Anna, geb. Rost, zu Emskirchen* ——

zu *Emskirchen, Ossing, Haus Nr. 8* ——

am —— *elf*ten *September* ——

des Jahres tausend acht hundert *neunzig* und *drei* *vormittags* um *sieben* —— Uhr verstorben sei. ——

Vor Unterzeichnung der Urkunde wird hiemit von dem Anzeigenden berichtigend bemerkt, daß sein verstorbener Onkel der Sohn des verstorbenen S c h n e i d e r s Johann Schmidt gewesen sei.

Vorgelesen, genehmigt und unterschrieben:

·Johann Rümler.

Der Standesbeamte.

N.

Vorgelesen, genehmigt und *unterschrieben:*

Johann Rümler. ——

Der Standesbeamte.

N.

Die Uebereinstimmung mit dem Hauptregister beglaubigt

Emskirchen, den *12* ten *September* 1*893*.

Der Standesbeamte.

N.

Berichtigung eines Schreibfehlers im Nebenregister oder in einem Registerauszuge. **B. Nr. 13.**
(Vergl. A 17).

1.

Der Schuhmacher |*Georg Kiesel,* wohnhaft zu *Emskirchen, Ossing, Haus Nr. 11,* *evangelischer* Religion, und zeigte an u. s. w.	In Übereinstimmung mit dem Hauptregister ist vor dem Worte „Georg" das Wort „Johann" einzuschalten. Der Standesbeamte. N.

2.

Der Schuhmacher Johann Georg |*Michael Kiesel,* wohnhaft zu *Emskirchen, Ossing, Haus Nr. 11,* *evangelischer* Religion, und zeigte an u. s. w.	In Übereinstimmung mit dem Hauptregister ist das Wort „Michael" als irrig zu löschen. Der Standesbeamte. N.

3.

Der |*Schmiedemeister Johann Georg Kiesel,* wohnhaft zu *Emskirchen, Ossing, Haus Nr. 11,* *evangelischer* Religion, und zeigte an u. s. w.	In Übereinstimmung mit dem Hauptregister muß es statt „Schmiedemeister" heißen: „Schuhmacher". Der Standesbeamte. N.

NB. Bei Registerauszügen ist diesen Berichtigungsvermerken das Dienstsiegel beizudrücken!

Eintragung eines Randvermerkes zu einer Urkunde eines früheren Jahrganges. ***B. Nr. 14.***

E.-Nr. ..   den 18

Der Standesbeamte
von N.

An das
Kgl. Bezirksamt
N.

Betreff:
Vollzug des § 14 Abs. III des Personenstandsgesetzes.

Im Vollzuge des § 14 Abs. III des Personenstandsgesetzes übersendet gehorsam Unterzeichneter hiemit Abschrift einer Geburtsurkunde mit dem im Hauptregister heute beigefügten Randvermerke und wolle Kgl. Bezirksamt N. die Beischreibung desselben im Nebenregister gütigst erwirken.

Gehorsam!

Der Standesbeamte.

N.

I. Am Jahresschlusse.

a. Hauptregister.

Hiemit wird das (Geburts-, Heirats-, Sterbe-)-Hauptregister für das Jahr 1893 enthaltend 19 (neunzehn) Eintragungen abgeschlossen.

, den 1. Januar 1894.

Der Standesbeamte.

(Siegel). N.

b. Nebenregister.

Hiemit wird das (Geburts-, Heirats-, Sterbe-)-Nebenregister für das Jahr 1893 enthaltend 19 (neunzehn) Eintragungen abgeschlossen.

den 1. Januar 1894.

Der Standesbeamte.

(Siegel). N.

II. Während des Jahres.

a. Hiemit wird der ....te Band des (Geburts-, Heirats-, Sterbe-)-Hauptregisters für das Jahr 18 enthaltend 7 (sieben) Eintragungen, unter Hinweis auf den ....ten Band, beginnend mit Nummer 8 (acht), abgeschlossen.

, den 7. Juli 18............

Der Standesbeamte.

(Siegel). N.

b. Hiemit wird das (Geburts-, Sterbe-, Heirats-)-Hauptregister für das Jahr 18 ...., enthaltend 23 (dreiundzwanzig) Eintragungen und zugleich der .. ..te Band dieses Registers unter Hinweis auf Nummer 1 (eins) des ....ten Bandes abgeschlossen.

, den 1. Januar 18............

Der Standesbeamte.

(Siegel). N.

B. Nr. 16.

Geburtsurkunde. A a.

Nr.

.... am .... 18 ....

Vor dem unterzeichneten Standesbeamten erschien heute, der Persönlichkeit nach ....
.... kannt,

....

wohnhaft zu ....
.... Religion, und zeigte an, daß von der
....

....

.... Religion,
wohnhaft zu ....

....

zu ....
am .... ten .... des Jahres
tausend acht hundert .... zig und .... mittags
um .... Uhr ein Kind .... lichen
Geschlechts geboren worden sei, welches .... Vornamen
....
erhalten habe

....

Vorgelesen. genehmigt und ....

Der Standesbeamte.

....

Daß vorstehender Auszug mit dem Geburts-Haupt-Register des Standesamts zu ....
.... gleichlautend ist, wird hiermit bestätigt.
.... am .... ten .... 18 ....

Der Standesbeamte.

(Siegel).

B. Nr. 17.

Heiratsurkunde. Bb.

Nr. ....

..........am..........ten
..........tausend acht hundert..........zig und..........

Vor dem unterzeichneten Standesbeamten erschienen heute zum Zwecke der Eheschließung:

1. der ....

....

der Persönlichkeit nach ....
..........kannt,
.... Religion, geboren den ....
.... des Jahres tausend acht hundert
.... zu ....
.........., wohnhaft zu ....

....

Sohn de ....

....
.... wohnhaft
zu ....

2. die ....

....

der Persönlichkeit nach ....
..........kannt,
.... Religion, geboren den ....
.... des Jahres tausend acht hundert
.... zu ....
.........., wohnhaft zu ....

....

Tochter de ....

....
.... wohnhaft
zu ....

Als Zeugen waren zugezogen und erschienen:

3. d ....

der Persönlichkeit nach ....

..........kannt,

..........Jahre alt, wohnhaft zu..........

....

4. d

....

der Persönlichkeit nach ....

..........kannt,

..........Jahre alt, wohnhaft zu..........

In Gegenwart der Zeugen richtete der Standesbeamte an die Verlobten einzeln und nacheinander die Frage:

ob sie erklären, daß sie die Ehe mit einander eingehen wollen. Die Verlobten beantworteten diese Frage bejahend und erfolgte hierauf der Ausspruch des Standesbeamten, daß er sie nunmehr kraft des Gesetzes für rechtmäßig verbundene Eheleute erkläre.

....

....

Vorgelesen, genehmigt und ....

Der Standesbeamte.

....

Daß vorstehender Auszug mit dem Heirats-Haupt-Register des Standesamts zu .... gleichlautend ist, wird hiermit bestätigt.

.... am .... ten .... 18..........

Der Standesbeamte.

(Siegel). ....

B. Nr. 18.

Sterbeurkunde. C c.

Nr. ....

.... am .... 18 ....

Vor dem unterzeichneten Standesbeamten erschien heute, der Persönlichkeit nach ....
.... kannt,
....
....
wohnhaft zu ....
und zeigte an, daß ....
....
....
.... alt, ... Religion,
wohnhaft zu ....
geboren zu ....
....
....
.... de ....
....

zu ....
am .... ten ....
des Jahres tausend acht hundert .... zig und ....
.... mittags um .... Uhr
verstorben sei ....

Vorgelesen, genehmigt und ....
....
....

Der Standesbeamte.

....

Daß vorstehender Auszug mit dem Sterbe-Haupt-Register des Standesamts zu ....
.... gleichlautend ist, wird hiermit bestätigt.
.... am .... ten .... 18 ....

Der Standesbeamte.

(Siegel). ....

Abschrift einer Urkunde mit ergänzendem Randvermerke nach *B. Nr. 7.* **B. Nr. 19.**

Sterbeurkunde. C c.

Nr. 8.

Schauerberg, am *12. Juli* 1*890.*

Vor dem unterzeichneten Standesbeamten erschien heute, der Persönlichkeit nach ——— bekannt, *der Gütler Friedrich Bartenbacher* ———

———

wohnhaft zu *Schauerberg, Haus Nr. 7* ———
und zeigte an, daß *seine Mutter, die Gütlerswitwe Barbara Bartenbacher, geb. Mahr* ———
——— *achtzig und ein Jahre drei Monate* ——— alt, *evangelischer* Religion, wohnhaft zu *Schauerberg, Haus Nr. 7* ———
geboren zu *Neuhof, verehelicht gewesen mit dem verstorbenen Gütler Andreas Bartenbacher zu Neidhardswinden* ———

———

Tochter des *verstorbenen Taglöhners Johann Mahr und seiner verstorbenen Ehefrau Elisabeta, geb. Eskofier, zu Brunn*

———

zu *Schauerberg, Haus Nr. 7* ———
am ——— *elf*ten *Juli* ———
des Jahres tausend acht hundert *neun*zig und ———
——— *vor*mittags um *sechs* ——— Uhr
verstorben sei. ———

Vorgelesen, genehmigt und *unterschrieben:* ———
Friedrich Bartenbacher. ———

———

Der Standesbeamte.
N.

Daß vorstehender Auszug mit dem Sterbe-Haupt-Register des Standesamts zu *Schauerberg* ——— gleichlautend ist, wird hiermit bestätigt.

Schauerberg, am *17*ten *August* 1*891.*

Der Standesbeamte.

(Siegel). N.

B. Nr. 20.

Geburtsschein.

Nur giltig in Angelegenheiten des Heeresersatzes.

Vor= und Zunamen: *Johann Georg Meier*

Geburtstag und Ort: *6. April 1876 zu Emskirchen*

Vor= und Zunamen, sowie Stand des Vaters: *Andreas Meier,*
Schreinermeister

Vor= und Zunamen der Mutter: *Anna Barbara, geb. Rost.*

Emskirchen, den 10. Januar 1896.

Der Standesbeamte.

(Siegel). N.

B. Nr. 22.

Bekanntmachung.

Die Geschäftsstunden zur Erstattung von Anzeigen über Geburten und Sterbefälle werden hiemit wie folgt festgesetzt:

a. an **Werktagen:**

von .... bis .... Uhr.

b. an **Sonn= und Feiertagen:**

von .... bis .... Uhr.

Standesamtliche Trauungen können innerhalb dieser festgesetzten Zeit geschlossen werden.

....den...............ten.................................18............

Der Standesbeamte.

(Siegel). N.

Anzeige des Bedarfes an standesamtlichen Formularen. **B. Nr. 21.**

E.-Nr..................... ....den..........................18..........

Der Standesbeamte
von N.
An das
Kgl. Bezirksamt
N.
Betreff:
Bedarf an Standesamtsformularen pro 18 . .

Gehorsam Unterzeichneter beehrt sich hiemit dem Kgl. Bezirksamte N. seinen Bedarf an standesamtlichen Formularen pro 18....... wie folgt anzuzeigen und bittet um deren Zusendung:

a. Gebundene Hauptregister: ....

....

b. ....Bögen zum Geburtsnebenregister (A) zu............Eintragungen,
.......Bögen zum Heiratsnebenregister (B) zu............Eintragungen,
.......Bögen zum Sterbenebenregister (C) zu............Eintragungen,

c. ....Stück Geburtsurkunden (Aa)
.......Stück Heiratsurkunden (Bb)
.......Stück Sterbeurkunden (Cc)

d. ....Bögen Geburtszeugnisse für Militärzwecke.

Gehorsam!

Der Standesbeamte.

N.

1. **Geburtsanzeige durch den ehelichen Vater.** *B. Nr. 23.*

Nr. *6.* A.

Emskirchen, am *22. Februar* 1895.

Vor dem unterzeichneten Standesbeamten erschien heute, der Persönlichkeit nach ——————————

—————————— *be*kannt,

der Kaufmann Johann Ulrich Wagner ——————————

——————————

wohnhaft zu *Emskirchen, Marktstrasse, Haus Nr. 60* ——

evangelischer ———— Religion, und zeigte an, daß von der *Anna Margareta Johanna Wagner, geb. Bayer, seiner Ehefrau*

——————————

evangelischer —————————— Religion,

wohnhaft zu *Emskirchen bei ihm* ——————————

——————————

zu *Emskirchen in seiner Wohnung* ——————————

am ———— *sechzehn*ten *Februar* ———— des Jahres tausend acht hundert *neun*zig und *fünf* ———— *nach*mittags um *einhalb elf* ———————— Uhr ein Kind *weib*lichen Geschlechts geboren worden sei, welches *die* ———— Vornamen

Elisa Johanna Babetta ——————————

erhalten habe. ——————————

——————————

——————————

Vorgelesen, genehmigt und *unterschrieben:* ————

Johann Ulrich Wagner. ——————————

——————————

Der Standesbeamte.

N.

2. Geburtsanzeige durch die Hebamme. **B. Nr. 24.**
a. eheliche Geburt.

Nr. 7. A.

Emskirchen, am 5. *Februar* 1891.

Vor dem unterzeichneten Standesbeamten erschien heute, der Persönlichkeit nach ——— bekannt,

die Hebamme Anna Ebersberger ———

wohnhaft zu *Emskirchen, Höllgasse, Haus Nr. 54* ——— Religion, und zeigte an, daß von der *Elisabeta Barbara Meyer, geb. Amm, katholischer Religion, Ehefrau des Schuhmachers Friedrich Meyer* ——— *katholischer* ——— Religion, wohnhaft zu *Emskirchen, Marktstrasse, Haus Nr. 3 bei ihrem Ehemanne* ———

zu *Emskirchen in der Wohnung ihres Ehemannes* ———

am ——— *zweiten Februar* ——— des Jahres tausend acht hundert *neun*zig und *eins* ——— *vor*mittags um *ein* ——— Uhr ein Kind *männ*lichen Geschlechts geboren worden sei, welches *den* ——— Vornamen *Ludwig* ——— erhalten habe. *Frau Ebersberger erklärt, dass sie bei der Geburt obigen Kindes anwesend gewesen ist.* ———

Vorgelesen, genehmigt und *unterschrieben*: ———

Anna Ebersberger. ———

Der Standesbeamte.

N.

2. Geburtsanzeige durch die Hebamme. **B. Nr. 25.**
b. uneheliche Geburt.

Nr. 27. A.

Emskirchen, am *3. August* 1891.

Vor dem unterzeichneten Standesbeamten erschien heute, der Persönlichkeit nach ——— bekannt,
die Hebamme Babetta Michel ———
wohnhaft zu *Emskirchen, Sandstrasse, Haus Nr. 37* ——— Religion, und zeigte an, daß von der *unverehelichten Dienstmagd Katarina Scheller* ———
evangelischer ——— Religion,
wohnhaft zu *Emskirchen, Sandstrasse, Haus Nr. 112* ———
zu *Emskirchen in ihrer Wohnung* ———
am ——— *ersten August* ——— des Jahres tausend acht hundert *neunzig* und ——— *nachmittags* um *drei* ——— Uhr ein Kind *weiblichen* Geschlechts geboren worden sei, welches *den* ——— Vornamen *Anna* ———
erhalten habe. *Frau Michel erklärt, dass sie bei der Geburt obigen Kindes anwesend gewesen ist.*

Vorgelesen, genehmigt und *unterschrieben:*
Babetta Michel. ———

Der Standesbeamte.
N.

2. Geburtsanzeige durch die Hebamme. **B. Nr. 26.**
c. eheliche Geburt;
die Kindsmutter ist eine Witwe.

Nr. 7. A.

Emskirchen, am *5. April* 1*890.*

Vor dem unterzeichneten Standesbeamten erschien heute, der Persönlichkeit nach ——— bekannt,

die Hebamme Babetta Michel ———

wohnhaft zu *Emskirchen, Sandstrasse, Haus Nr. 37* ——— Religion, und zeigte an, daß von der *Rosina Probst, geb. Roth, evangelischer Religion, Witwe des jüngst verstorbenen Maurers Andreas Probst* ——— *evangelischer* ——— Religion, wohnhaft zu *Emskirchen, Nürnbergerstrasse, Haus Nr. 83* ———

zu *Emskirchen in ihrer Wohnung* ——— am ——— *ersten April* ——— des Jahres tausend acht hundert *neun*zig und ——— *vor*mittags um *zwei* ——— Uhr ein Kind *weib*lichen Geschlechts geboren worden sei, welches *die* ——— Vornamen *Anna Rosina* ——— erhalten habe. *Frau Michel erklärt, dass sie bei der Geburt obigen Kindes anwesend gewesen ist.* ———

Vorgelesen, genehmigt und *unterschrieben:* ———
Babetta Michel. ———

Der Standesbeamte.
N.

2. Geburtsanzeige durch die Hebamme. **B. Nr. 27.**
d. uneheliche Geburt;
die Kindsmutter ist eine Witwe.

Nr. 7. A.

Emskirchen, am 5. *April* 1890.

Vor dem unterzeichneten Standesbeamten erschien heute, der Persönlichkeit nach ______ bekannt,
die Hebamme Babetta Michel ______
wohnhaft zu *Emskirchen, Sandstrasse, Haus Nr. 37* ______ Religion, und zeigte an, daß von der *Maurerswitwe Rosina Probst, geb. Roth* ______
evangelischer ______ Religion,
wohnhaft zu *Emskirchen*, *Nürnbergerstrasse*, *Haus Nr. 83* ______
zu *Emskirchen in ihrer Wohnung* ______
am ______ *ersten April* ______ des Jahres tausend acht hundert *neun*zig und ______ *vor*mittags um *zwei* ______ Uhr ein Kind *weib*lichen Geschlechts geboren worden sei, welches *die* ______ Vornamen *Anna Rosina* ______
erhalten habe. *Frau Michel erklärt, dass sie bei der Geburt obigen Kindes anwesend gewesen ist.* ______

Vorgelesen, genehmigt und *unterschrieben:* ______
Babetta Michel. ______

Der Standesbeamte.
N.

3. Geburtsanzeige durch den Arzt. **B. Nr. 28.**

a. eheliche Geburt.

Die Beurkundung ist die gleiche, wie in *B. Nr.* 24; es hätte hier jedoch zu lauten:

Der Anfang der Urkunde:

„Vor dem unterzeichneten Standesbeamten . . . . bekannt, *der praktische Arzt Hugo Rabus*, wohnhaft u. s. w."

Der Schluß der Urkunde:

„*Hugo Rabus erklärt, dass er bei der Geburt obigen Kindes anwesend gewesen ist.*" u. s. w.

b. uneheliche Geburt.

Die Beurkundung ist wie bei *B. Nr.* 25, nur hätte Anfang und Schluß der Urkunde wie oben unter a zu lauten.

---

4. Geburtsanzeige durch eine andere Person. **B. Nr. 29.**

a. eheliche Geburt.

Die Beurkundung ist wie in *B. Nr.* 24; es hätte hier jedoch zu lauten:

Der Anfang der Urkunde:

„Vor dem unterzeichneten Standesbeamten . . . . bekannt, *der Kaufmann Georg Schönleben*, wohnhaft u. s. w."

Der Schluß der Urkunde:

„*Schönleben erklärt, dass er bei der Geburt obigen Kindes anwesend gewesen ist.*" u. s. w.

b. uneheliche Geburt.

Die Beurkundung ist wie in *B. Nr.* 25, nur hätte Anfang und Schluß der Urkunde wie oben unter a zu lauten.

4. Geburtsanzeige durch eine andere Person. **B. Nr. 30.**

c. eheliche Geburt;
die Kindsmutter ist eine Witwe.

Die Beurkundung ist wie in *B. Nr.* 26; jedoch hätte hier beispielsweise zu lauten:

Der Anfang der Urkunde:

„Vor dem unterzeichneten Standesbeamten . . . . bekannt, *die Näherin Katarina Nürnberger*, wohnhaft u. s. w."

Der Schluß der Urkunde:

„*Fräulein Nürnberger erklärt, dass sie bei der Geburt obigen Kindes anwesend gewesen ist.*" u. s. w.

d. uneheliche Geburt;
die Kindsmutter ist eine Witwe.

Die Beurkundung erfolgt wie in *B. Nr.* 27 und hätte Anfang und Schluß der Urkunde wie oben unter c zu lauten.

4. Geburtsanzeige durch eine andere Person. **B. Nr. 31.**

e. uneheliche Geburt;
die Kindsmutter ist eine geschiedene Frau.

Nach Anleitung in *B. Nr.* 29 und 30 hätte es in *B. Nr.* 27 zu lauten:

. . . . . „und zeigte an, daß von der *geschiedenen Maurersfrau Rosina Probst, geb. Roth* u. s. w."

oder

wenn die Kindsmutter zur Führung des letzten Familiennamens nicht mehr berechtigt ist:

. . . . . „und zeigte an, daß von der *Maurersfrau Rosina Roth, geschiedenen Probst* u. s. w."

4. Geburtsanzeige durch eine andere Person. **B. Nr. 32.**
f. eheliche Geburt,
bei vorübergehendem Aufenthalte der Kindsmutter.

Nr 25. A.

Emskirchen, am *27. November* 1888.

Vor dem unterzeichneten Standesbeamten erschien heute, der Persönlichkeit nach ——— bekannt,
der Schuhmachermeister Georg Schönleben ———
wohnhaft zu *Emskirchen, Nürnbergerstrasse, Haus Nr. 92* ——— Religion, und zeigte an, daß von der *Pauline Rost, geb. Schönleben, evangelischer Religion, Ehefrau des Schlossers Konrad Rost* ——— *katholischer* ——— Religion,
wohnhaft zu *Nürnberg, Ludwigsstrasse, Haus Nr. 20* ———
zu *Emskirchen, Nürnbergerstrasse, Haus Nr. 92* ———
am ——— *zwei und zwanzigs*ten *November* ——— des Jahres tausend acht hundert *acht*zig und *acht* ——— ***nach*** mittags um *sieben* ——— Uhr ein Kind *männ*lichen Geschlechts geboren worden sei, welches *den* ——— Vornamen *Konrad* ———
erhalten habe. *Schönleben erklärt, dass er bei der Geburt obigen Kindes anwesend gewesen ist.*

———

Vorgelesen, genehmigt und *unterschrieben*: ———
Georg Schönleben. ———

———

Der Standesbeamte.
N.

5. Geburtsanzeige **B. Nr. 33.**
a. durch die eheliche Kindsmutter.

Nr. 5. A.

Emskirchen, am *27. Januar* 1892.

Vor dem unterzeichneten Standesbeamten erschien heute, der Persönlichkeit nach ——— *be*kannt,

Katarina Erbar, geb. Stumpf ———

wohnhaft zu *Emskirchen, Steige, Haus Nr. 106* ——— *katholischer* ——— Religion, und zeigte an, daß von der *Anzeigenden, Ehefrau des Maurers Leonhard Erbar* ———

katholischer ——— Religion, wohnhaft zu ———

zu *Emskirchen in ihrer Wohnung* ——— am ——— *ein und zwanzigs*ten *Januar* ——— des Jahres tausend acht hundert *neun*zig und *zwei* ——— *vor* ~~mittags~~ um *ein* ——— Uhr ein Kind *männ*lichen Geschlechts geboren worden sei, welches *die* ——— Vornamen *Johann Gottfried* ——— erhalten habe. ———

Vorgelesen, genehmigt und *unterschrieben:* ———
Katarina Erbar. ———

Der Standesbeamte.
N.

5. Geburtsanzeige **B. Nr. 34.**
b. durch die uneheliche Kindsmutter.

Nr. *12.* A.

Emskirchen, am *5. Mai* 1892.

Vor dem unterzeichneten Standesbeamten erschien heute, der Persönlichkeit nach ____________ *be*kannt,

die unverehelichte Dienstmagd Walburga Bauer ____________

wohnhaft zu *Emskirchen, Nürnbergerstrasse, Haus Nr. 67*
katholischer ________ Religion, und zeigte an, daß von der *Anzeigenden* ____________

____________ Religion,

wohnhaft zu ____________

zu *Emskirchen in ihrer Wohnung* ____________
am ________ *dreissigs*ten *April* ________ des Jahres tausend acht hundert *neun*zig und *zwei* ________ *vor*mittags um *sechs* ____________ Uhr ein Kind *weib*lichen Geschlechts geboren worden sei, welches *die* ________ Vornamen *Anna Margareta* ____________
erhalten habe. ____________

Vorgelesen, genehmigt und *unterschrieben:* ________
Walburga Bauer. ____________

Der Standesbeamte.

N.

Eintrag auf Grund einer schriftlichen Geburtsanzeige. **B. Nr. 35.**
(Nebenregistereintrag).

Nr. 13.

Emskirchen, am 7. Juli 1893.

Laut Zuschrift des Gendarmeriestationskommandanten Josef Kern in Emskirchen vom Heutigen wurde von der Maria Oeder, geb. Riedel, katholischer Religion, Ehefrau des Gendarmen Leonhard Oeder, katholischer Religion, wohnhaft zu Emskirchen, Fürtherstraße Haus Nr. 1, zu Emskirchen, in der Wohnung ihres Ehemannes, am vierten Juli des Jahres tausend acht hundert neunzig und drei nachmittags um zwei Uhr ein Kind weiblichen Geschlechts geboren, welches einen Vornamen noch nicht erhalten hat.

(Ganzer Vordruck durchstrichen).

Der Standesbeamte.
N.

Emskirchen, am 30. Juli 1893.

Laut Zuschrift des Gendarmeriestationskommandanten Josef Kern in Emskirchen vom Gestrigen wurde dem von der Gendarmensehefrau Maria Oeder, geb. Riedel, zu Emskirchen am vierten Juli des Jahres tausend acht hundert neunzig und drei nachmittags um zwei Uhr geborenen Kinde der Vorname Katarina beigelegt.

Der Standesbeamte.
N.

Die Übereinstimmung mit dem Hauptregister beglaubigt
Emskirchen, den 30. Juli 1893.

Der Standesbeamte.
N.

Nr. .... A.

.... am .... 18........

Vor dem unterzeichneten Standesbeamten erschien heute, der Persönlichkeit nach .... kannt,
....
....
....
wohnhaft zu ....
.... Religion, und zeigte an, daß von der
....
....
.... Religion,
wohnhaft zu ....
....
zu ....
am .... ten .... des Jahres
tausend acht hundert ......zig und ......mittags
um .... Uhr ein Kind ....lichen
Geschlechts geboren worden sei, welches ....
Vornamen ....
erhalten habe. ....
....
....

Vorgelesen, genehmigt und ....
....
....

Der Standesbeamte.
....
....

Die Übereinstimmung mit dem Hauptregister beglaubigt

Emskirchen, den 7. Juli 1893.

Der Standesbeamte.
N.

Geburtsanzeige mit nachträglicher Anzeige des Vornamens. **B. Nr. 36.**
(Nebenregistereintrag).

Emskirchen,
den 14. Februar 1892.

Vor dem unterzeichneten Standesbeamten erschien heute der Persönlichkeit nach bekannt, der Wagnermeister Andreas Popp, wohnhaft zu Emskirchen, Wolfsgasse, Haus Nr. 1, evangelischer Religion, und zeigte an, daß dem von seiner Ehefrau am fünf und zwanzigsten Dezember tausend acht hundert neunzig und eins geborenen Kinde die Vornamen Johann Anton beigelegt worden sind.

Vorgelesen, genehmigt und unterschrieben:

Andreas Popp.

Der Standesbeamte.
N.

Die Übereinstimmung mit dem Hauptregister beglaubigt
Emskirchen,
den 14. Februar 1892.

Der Standesbeamte.
N.

Nr. 22. A.

Emskirchen, am *29. Dezember* 1*891*.

Vor dem unterzeichneten Standesbeamten erschien heute, der Persönlichkeit nach ———— bekannt,

der Wagnermeister Andreas Popp ————

wohnhaft zu *Emskirchen, Wolfsgasse, Haus Nr. 1*
evangelischer Religion, und zeigte an, daß von der *Elisabeta Margareta Barbara Popp, geb. Schönleben, seiner Ehefrau* ————
evangelischer ———— Religion,
wohnhaft zu *Emskirchen, Wolfsgasse Haus Nr. 1*

zu *Emskirchen in seiner Wohnung* ————
am *fünfundzwanzigs*ten *Dezember* des Jahres tausend acht hundert *neunzig* und *eins nach*mittags um *zwei* ———— Uhr ein Kind *männlichen* Geschlechts geboren worden sei, welches *einen* Vornamen *noch nicht* ———— erhalten habe.————

Vorgelesen, genehmigt und *unterschrieben:*
Andreas Popp. ————

Der Standesbeamte.
N.

Die Übereinstimmung mit dem Hauptregister beglaubigt

Emskirchen, den *29*ten *Dezember* 1*891*.

Der Standesbeamte.
N.

B. Nr. 37.

Register

zur

Kontrole über die nachträglich zu machenden Anzeigen der Vornamen der Kinder.

Fortlaufende Nummer	Name und Vorname, Stand oder Gewerbe, Wohnort des zur Anzeige Verpflichteten	Die Eintragung der Geburt ist erfolgt, im Register		auf Anmeldung am		
		Jahrgang	Nr.	Tag	Monat	Jahr
1	**Popp Andreas,** Wagnermeister zu Emskirchen Haus Nr. 27	1891	22	29	Dezember	1891
2	**Rost Michael,** Taglöhner, Emskirchen Haus Nr. 12	1892	12	25	Mai	1892

Die Anzeige der Vornamen						Bemerkungen über etwaige Erzwingung der Anzeige (§ 68) 2c.
soll erfolgen bis zum			ist erfolgt am			
Tag	Monat	Jahr	Tag	Monat	Jahr	
29	Februar	1892	14	Februar	1892	
25	Juli	1892	26	Juli	1892	Die Anzeige wurde erst nach Verhängung einer Geldstrafe von 3 Mk. erstattet.

B. Nr. 38.

E.-Nr...................

Emskirchen, den 14. Februar 1892.

Der Standesbeamte
von Emskirchen.

An das
Kgl. Bezirksamt
Neustadt a. A.

Betreff:
Nachträgliche Anzeige eines Vornamens, hier Vollzug des § 14 Absatz III des Personenstandsgesetzes vom 6. Februar 1875.

Mit 1 Beilage.

Das am 3. d. Mts. dem Kgl. Bezirksamte Neustadt a. A. in Vorlage gebrachte Geburtsnebenregister pro 1891 enthält unter Nummer 22 einen Eintrag, nach welchem dem zur Anzeige gebrachten Kinde ein Vorname noch nicht beigelegt worden war.

Der Vater des Kindes hat den Vornamen heute nachträglich zur Anzeige gebracht und gestattet sich gehorsam Unterzeichneter eine Abschrift der Geburtsurkunde vom 29. Dezember 1891 mit dem derselben beigefügten Randvermerke vom 14. d. Mts. dem Kgl. Bezirksamte Neustadt a. A. mit dem ergebensten Ersuchen zu übersenden, die nachträgliche Beischrift des Randvermerkes im Nebenregister veranlassen zu wollen.

Gehorsam!
Der Standesbeamte.
N.

Ableben eines Kindes, ohne daß ihm ein Vorname beigelegt worden war. **B. Nr. 39.**

Der Geburtsurkunde (*B. Nr.* 36) ist folgender Randvermerk beizuschreiben:

Emskirchen, den 12. Januar 1892.

Vor dem unterzeichneten Standesbeamten erschien heute, der Persönlichkeit nach bekannt, der Wagnermeister Andreas Popp, wohnhaft zu Emskirchen, Wolfsgasse, Haus Nr. 1, evangelischer Religion, und zeigte an, daß das von seiner Ehefrau am fünf und zwanzigsten Dezember des Jahres tausend acht hundert neunzig und eins geborene Kind am elften Januar tausend acht hundert neunzig und zwei, vormittags um drei Uhr verstorben sei, ohne daß ihm ein Vorname beigelegt worden war.

Vorgelesen, genehmigt und unterschrieben:
Andreas Popp.
Der Standesbeamte.
N.

Anzeige einer Zwillingsgeburt. **B. Nr. 40.**
(Vergl. hiezu *B. Nr.* 24 als Eintrag des erstgeborenen Kindes).

Nr. 8. A.

Emskirchen, am *5. Februar* 1891.

Vor dem unterzeichneten Standesbeamten erschien heute, der Persönlichkeit nach ——— bekannt,

die Hebamme Anna Ebersberger ———

wohnhaft zu *Emskirchen, Höllgasse, Haus Nr. 54* ——— Religion, und zeigte an, daß von der *Elisabeta Barbara Meyer, geb. Amm, katholischer Religion, Ehefrau des Schuhmachers Friedrich Meyer* ——— *katholischer* ——— Religion, wohnhaft zu *Emskirchen, Marktstrasse, Haus Nr. 3 bei ihrem Ehemanne* ———

zu *Emskirchen in der Wohnung ihres Ehemannes* ———

am ——— *zweiten Februar* des Jahres tausend acht hundert *neunzig* und *eins* ——— *vor*mittags um *zwei ein viertel* ——— Uhr ein Kind *weib*lichen Geschlechts geboren worden sei, welches *den* ——— Vornamen *Anna* ———

erhalten habe. *Frau Ebersberger erklärt, dass sie bei der Geburt obigen Kindes anwesend gewesen ist.* ———

Vorgelesen, genehmigt und *unterschrieben:* ———

Anna Ebersberger. ———

Der Standesbeamte.
N.

Anzeige einer unehelichen Geburt beim Pflegschaftsgerichte (zu *B. Nr.* 25). **B. Nr. 41.**

a. Der Vorname war bekannt.

E.-Nr..................... Emskirchen, den 3. August 1891.

Vom Standesamt
Emskirchen.

An das
Kgl. Amtsgericht
Markt-Erlbach.

Betreff:
Anzeige der Geburt unehelicher Kinder gemäß Entschließung des K. Staatsministeriums des Innern vom 5. Dezember 1875, Abschnitt II Ziff. 4.

Die unverehelichte Dienstmagd Katarina Scheller, wohnhaft zu Emskirchen, Sandstraße Haus Nr. 112, hat am 1. August 1891 nachmittags um 3 Uhr ein Kind weiblichen Geschlechts dahier geboren, welches den Vornamen Anna erhalten hat.

Unter Bezugnahme auf die nebenbezeichnete Ministerialentschließung beehrt sich gehorsam Unterzeichneter dieses hiemit ergebenst anzuzeigen.

Gehorsam!

Der Standesbeamte.
N.

B. Nr. 42.

b. Der Vorname war unbekannt.

Die Anzeige lautet wie *B. Nr.* 41; nur hat es in der Anzeige zu heißen:

„welches einen Vornamen noch nicht erhalten hat“.

B. Nr. 43.

c. Nachträgliche Anzeige des Vornamens.

E.-Nr..................... Emskirchen, den 2. September 1891.

Vom Standesamt
Emskirchen.
An das
Kgl. Amtsgericht
Markt-Erlbach.

Betreff:
Anzeige der Geburt unehelicher Kinder.

Unter Bezugnahme auf die am 3. August l. J. erfolgte Anzeige der Geburt des außerehelichen Kindes der Dienstmagd Katarina Scheller dahier beehrt sich gehorsam Unterzeichneter zu berichten, daß diesem Kinde laut heutiger Anzeige der Vorname Anna nachträglich beigelegt worden ist.

Gehorsam!
Der Standesbeamte.
N.

B. Nr. 43 a.

d. Das Kind starb, bevor ihm ein Vorname beigelegt worden war.

E.-Nr..................... Emskirchen, den 2. September 1891.

Vom Standesamt
Emskirchen.
An das
Kgl. Amtsgericht
Markt-Erlbach.

Betreff:
Anzeige der Geburt unehelicher Kinder.

Unter Bezugnahme auf die am 3. August l. J. erfolgte Anzeige der Geburt des außerehelichen Kindes der Dienstmagd Katarina Scheller dahier beehrt sich gehorsam Unterzeichneter zu berichten, daß dieses Kind am 1. d. Mts. dahier verstorben ist, ohne daß ihm ein Vorname beigelegt worden war.

Gehorsam!
Der Standesbeamte.
N.

Beischreibung einer Vaterschaftsanerkennungserklärung auf amtsgerichtlichen Auftrag. ***B. Nr. 44.***

Der der Geburtsurkunde beizuschreibende Randvermerk hätte zu *B. Nr.* 25 zu lauten:

Emskirchen, am 25. Oktober 1891.

Gemäß Verfügung des Königlichen Amtsgerichtes Markt-Erlbach vom 23. Oktober 1891 wird hier nachgetragen, daß sich der ledige großjährige Dienstknecht Johann Bauer von Puschendorf zum Vater des nebenbezeichneten Kindes Anna der ledigen Katarina Scheller bekannt hat.

Der Standesbeamte.
N.

oder:

Emskirchen, am 17. Juni 1892.

Gemäß Verfügung des Königlichen Amtsgerichtes Markt-Erlbach vom 14. Juni 1892 wird hier nachgetragen, daß laut rechtskräftig gewordenen Urteils des Königlichen Amtsgerichtes Markt-Erlbach vom 1. Mai 1892 der ledige großjährige Dienstknecht Johann Bauer von Puschendorf, zur Zeit unbekannten Aufenthalts, zum Vater des nebenbezeichneten Kindes Anna der ledigen Katarina Scheller verurteilt worden ist.

Der Standesbeamte.
N.

Geburtsanzeige mit gleichzeitiger Vaterschafts-anerkennung. ***B. Nr. 45.***

Nr. *15.* A.

Emskirchen, am *27. März* 1*891.*

Vor dem unterzeichneten Standesbeamten erschien heute, der Persönlichkeit nach ——— *be*kannt,

der Zimmermann Leonhard Bergmann ———

wohnhaft zu *Emskirchen, Hauptstrasse, Haus Nr. 62* ———

evangelischer ——— Religion, und zeigte an, daß von der *unverehelichten Maurerstochter Rosa Erbar, seiner Verlobten* ———

evangelischer ——— Religion,

wohnhaft zu *Emskirchen, Sandstrasse, Haus Nr. 30* ———

zu *Emskirchen in ihrer Wohnung* ———

am ——— *fünf und zwanzigs*ten *März* des Jahres tausend acht hundert *neun*zig und *eins* ——— *nach*mittags um *zwei* ——— Uhr ein Kind *männ*lichen Geschlechts geboren worden sei, welches *den* ——— Vornamen *Andreas* ———

erhalten habe. *Bergmann erklärt, dass er bei der Geburt obigen Kindes anwesend gewesen ist und dasselbe als von ihm erzeugt anerkenne.* ———

Vorgelesen, genehmigt und *unterschrieben:* ———

Leonhard Bergmann. ———

Der Standesbeamte.

N.

Beischreibung einer Vaterschaftsanerkennungserklärung auf Antrag des Kindsvaters. ***B. Nr. 46.***

Der der Geburtsurkunde beizuschreibende Randvermerk hätte zu *B. Nr.* 25 zu lauten:

Nr. 27.

Emskirchen, am 7. Juni 1893.

Vor dem unterzeichneten Standesbeamten erschien heute, der Persönlichkeit nach bekannt, der Bierführer Johann Leonhard Fleischmann, wohnhaft zu Nürnberg, Ludwigsstraße, Haus Nr. 7, evangelischer Religion und erklärt, daß er das nebenbezeichnete von der ledigen Dienstmagd Katarina Scheller am ersten August des Jahres tausend acht hundert neunzig und eins geborene Kind Anna als von ihm erzeugt anerkenne.

Vorgelesen, genehmigt und unterschrieben:

Johann Leonhard Fleischmann.

Der Standesbeamte.
N.

Beischreibung einer Vaterschaftsanerkennungserklärung auf Antrag des Kindsvaters unter Uebergabe einer amtlichen Urkunde. ***B. Nr. 47.***

Randvermerk zu *B. Nr.* 25.

Nr. 27.

Emskirchen, am 7. Juni 1893.

Vor dem unterzeichneten Standesbeamten erschien heute, der Persönlichkeit nach bekannt, der Bierführer Johann Leonhard Fleischmann, wohnhaft zu Nürnberg, Ludwigsstraße, Haus Nr. 7, evangelischer Religion, und überreichte eine Ausfertigung der vor dem Königlichen Notare zu N. am 1. Juni 1893 aufgenommenen Urkunde, inhaltlich deren er das von der unverehelichten Dienstmagd Katarina Scheller am ersten August des Jahres tausend acht hundert neunzig und eins geborene Kind Anna als von ihm erzeugt anerkannt hat.

Vorgelesen, genehmigt und unterschrieben:

Johann Leonhard Fleischmann.

Der Standesbeamte.
N.

Legitimation eines schon anerkannten Kindes durch nachfolgende Ehe. **B. Nr. 48.**

Randvermerk zu *B. Nr.* 25.

Nr. 27.

Emskirchen, am 7. Juni 1893.

Antragsgemäß wird hieher bemerkt, daß der Bierführer Johann Leonhard Fleischmann, evangelischer Religion, wohnhaft zu Nürnberg, laut Heiratsurkunde des Standesamts Emskirchen vom Heutigen mit der ledigen Dienstmagd Katarina Scheller, der Mutter des nebenbezeichneten Kindes, die Ehe geschlossen hat.

Der Standesbeamte.

N.

Legitimation eines schon anerkannten Kindes durch nachfolgende Ehe. **B. Nr. 49.**

Randvermerk zu *B. Nr.* 25.

Nr. 27.

Emskirchen, am 7. Juni 1893.

Antragsgemäß wird hieher bemerkt, daß der Bierführer Johann Leonhard Fleischmann, evangelischer Religion, wohnhaft zu Nürnberg, laut Heiratsurkunde des Standesamts Nürnberg vom ersten Juni dieses Jahres mit der ledigen Dienstmagd Katarina Scheller, der Mutter des nebenbezeichneten Kindes, die Ehe geschlossen hat.

Der Standesbeamte.

N.

Verbindung der Anerkennung und Legitimation eines Kindes. **B. Nr. 50.**

Randvermerk zu *B. Nr.* 25.

Nr. 27.

Emskirchen, den 7. Juni 1893.

Antragsgemäß wird hieher bemerkt, daß der Bierführer Johann Leonhard Fleischmann, evangelischer Religion, wohnhaft zu Nürnberg, laut Heiratsurkunde des Standesamts Nürnberg vom 1. Juni 1893 das nebenbezeichnete Kind als von ihm erzeugt anerkannt und mit der ledigen Dienstmagd Katarina Scheller, der Mutter des Kindes, die Ehe geschlossen hat.

Der Standesbeamte.

N.

Verbindung der Anerkennung und Legitimation eines Kindes. **B. Nr. 51.**

Randvermerk zu *B. Nr.* 25.

Nr. 27.

Emskirchen, am 7. Juni 1893.

Vor dem unterzeichneten Standesbeamten erschien heute, der Persönlichkeit nach bekannt, der Bierführer Johann Leonhard Fleischmann, evangelischer Religion, wohnhaft zu Nürnberg, welcher laut Heiratsurkunde des Standesamts Emskirchen vom 1. Juni 1893 mit der ledigen Dienstmagd Katarina Scheller, der Mutter des nebenbezeichneten Kindes die Ehe geschlossen hat, und erklärte, daß er dieses Kind als von ihm erzeugt anerkenne

Vorgelesen, genehmigt und unterschrieben:

Johann Leonhard Fleischmann.

Der Standesbeamte.

N.

Annahme an Kindesstatt. **B. Nr. 52.**

Der Geburtsurkunde (*B. Nr.* 25) ist folgender Randvermerk beizuschreiben:

Emskirchen, am 12. April 1893.

Vor dem unterzeichneten Standesbeamten erschien heute, der Persönlichkeit nach bekannt, der Privatier Johann Müller, wohnhaft zu Nürnberg, Kaiserstraße, Haus Nr. 15 und überreichte eine Ausfertigung der vor dem Königlichen Notare zu N. am 30. März 1893 aufgenommenen Urkunde, inhaltlich deren er das nebenbezeichnete Kind Anna, der unverehelichten Dienstmagd Katarina Scheller, an Kindesstatt angenommen hat.

Vorgelesen, genehmigt und unterschrieben:

Johann Müller.

Der Standesbeamte.

N.

Anzeige einer ehelichen Totgeburt durch den Vater. ***B. Nr. 53.***
(Nebenregistereintrag).

Nr. *9.* C.

Emskirchen, am *27. März* 1888.

Vor dem unterzeichneten Standesbeamten erschien heute, der Persönlichkeit nach ——— ——— *be*kannt,

der Privatier Albrecht Haussel, evangelischer Religion ———

wohnhaft zu *Emskirchen, Ossing, Haus Nr. 31* und zeigte an, daß ———

von seiner Ehefrau Luise Haußel, geb. Müller, evangelischer Religion, wohnhaft zu Emskirchen, Ossing, Haus Nr. 31, zu Emskirchen in seiner Wohnung am sechs und zwanzigsten März des Jahres tausend acht hundert achtzig und acht nachmittags um einhalb zwei Uhr ein Kind weiblichen Geschlechts geboren worden und daß dieses Kind in der Geburt verstorben sei.

(Nebenstehend zwei und zwanzig Zeilen gestrichen).

Vorgelesen, genehmigt und unterschrieben:

Albrecht Haußel.

Der Standesbeamte.
N.

~~.......... alt .... Religion~~
~~wohnhaft zu ....~~
~~geboren zu ....~~
~~..........~~
~~.......... de ....~~
~~..........~~
~~zu ....~~
~~am .... ten ....~~
~~des Jahres tausend acht hundert .... zig und ....~~
~~.......... mittags um .... Uhr~~
~~verstorben sei. ....~~
~~Vorgelesen, genehmigt und ....~~
~~**Der Standesbeamte.**~~

Die Uebereinstimmung mit dem Hauptregister beglaubigt

Emskirchen, den *27*ten *März* 1888.

Der Standesbeamte.
N.

Anzeige einer ehelichen Totgeburt durch die Hebamme. ***B. Nr. 54.***

(Nebenregistereintrag).

Nr. *15.* C.

Emskirchen, am *15. Februar* 1*891.*

Vor dem unterzeichneten Standesbeamten erschien heute, der Persönlichkeit nach ——— ——— *be*kannt,

die Hebamme Anna Ebersberger ———

———

wohnhaft zu *Emskirchen, Höllgasse, Haus Nr. 54* und zeigte an, daß ———

von Anna Scheller, geb. Lang, katholischer Religion, Ehefrau des Drechslers Georg Scheller, katholischer Religion, wohnhaft zu Emskirchen, Hauptstraße, Haus Nr. 70, in der Wohnung ihres Ehemannes am vierzehnten Februar des Jahres tausend acht hundert neunzig und eins vormittags um einhalb sieben Uhr ein Kind männlichen Geschlechts geboren worden und daß dieses Kind in der Geburt verstorben sei.

Frau Ebersberger erklärt, daß sie bei der Niederkunft der Ehefrau Scheller zugegen gewesen ist.

(Nebenstehend zwei und zwanzig Zeilen gestrichen).

Vorgelesen, genehmigt und unterschrieben:

Anna Ebersberger.

Der Standesbeamte.

N.

~~…… alt …… Religion~~

~~wohnhaft zu ……~~

~~geboren zu ……~~

~~de ……~~

~~zu ……~~

~~am …… ten ……~~

~~des Jahres tausend acht hundert …… zig und …… mittags um …… Uhr verstorben sei.~~

~~Vorgelesen, genehmigt und ……~~

~~**Der Standesbeamte.**~~

Die Uebereinstimmung mit dem Hauptregister beglaubigt

Emskirchen, den *15*ten *Februar* 1*891.*

Der Standesbeamte.

N.

Anzeige einer unehelichen Totgeburt durch die Hebamme. ***B. Nr. 55.***

Nr. *20.* C.

Emskirchen, am *20. Juli* 18*86*.

Vor dem unterzeichneten Standesbeamten erschien heute, der Persönlichkeit nach —— *be*kannt,

die Hebamme Babetta Michel——

wohnhaft zu *Emskirchen, Bahnhof*, Haus *Nr. 29*

und zeigte an, daß —— von der unverehelichten Dienstmagd Anna Kerschbaum, katholischer Religion, wohnhaft zu Emskirchen, Sandstraße, Haus Nr. 39, zu Emskirchen in ihrer Wohnung am neunzehnten Juli des Jahres tausend acht hundert achtzig und sechs vormittags einhalb acht Uhr ein Kind weiblichen Geschlechts geboren worden und daß dieses Kind in der Geburt verstorben sei.

Frau Michel erklärt, daß sie bei der Niederkunft der Anna Kerschbaum zugegen gewesen ist.

(Nebenstehend zwei und zwanzig Zeilen gestrichen).

Vorgelesen, genehmigt und unterschrieben:

Babetta Michel.

Der Standesbeamte.

N.

~~alt .... Religion~~

~~wohnhaft zu ....~~

~~geboren zu ....~~

~~.......... de ....~~

~~zu ....~~

~~am ....ten ....~~

~~des Jahres tausend acht hundert ....zig und ....~~

~~..........mittags um .... Uhr~~

~~verstorben sei.~~

~~Vorgelesen, genehmigt und ....~~

~~**Der Standesbeamte.**~~

Anzeige einer unehelichen Totgeburt beim Pflegschaftsgerichte (zu *B. Nr.* 55). **B. Nr. 56.**

E.-Nr...................... Emskirchen, den 20. Juli 1886.

Vom Standesbeamten
zu Emskirchen.
An das
Kgl. Amtsgericht
Markt-Erlbach.

Betreff:
Anzeige der Geburt unehelicher Kinder gemäß Ministerial-Entschließung vom 5. Dezember 1875 Abschnitt II Ziff. 4.

Die unverehelichte Dienstmagd Anna Kerschbaum, wohnhaft zu Emskirchen, Sandstraße Haus Nr. 39, hat am 19. Juli 1886 vormittags 1/2 8 Uhr ein Kind weiblichen Geschlechts geboren, welches in der Geburt verstorben ist.

Unter Bezugnahme auf die nebenbezeichnete Ministerial-Entschließung beehrt sich gehorsam Unterzeichneter dieses hiemit ergebenst anzuzeigen.

Gehorsam!

Der Standesbeamte.

N.

Registerauszug über eine Totgeburt **B. Nr. 57.**
zu *B. Nr.* 55.

Sterbeurkunde.

Nr. 20.

Emskirchen, am 20. Juli 1886.

Vor dem unterzeichneten Standesbeamten erschien heut der Persönlichkeit nach bekannt, die Hebamme Babetta Michel wohnhaft zu Emskirchen, Bahnhof, Haus Nr. 29, und zeigte an, daß von der unverehelichten Dienstmagd Anna Kerschbaum, katholischer Religion, wohnhaft zu Emskirchen, Sandstraße, Haus Nr. 39, zu Emskirchen in ihrer Wohnung am neunzehnten Juli des Jahres tausend acht hundert achtzig und sechs vormittags einhalb acht Uhr ein Kind weiblichen Geschlechts geboren worden und daß dieses Kind in der Geburt verstorben sei.

Frau Michel erklärt, daß sie bei der Niederkunft der Anna Kerschbaum zugegen gewesen ist.

Vorgelesen, genehmigt und unterschrieben:

Babetta Michel.

Der Standesbeamte.
N.

Daß vorstehender Auszug mit dem Sterbe=Haupt=Register des Standesamts zu Emskirchen gleichlautend ist, wird hiermit bestätigt.

Emskirchen, den 12. August 1890.

Der Standesbeamte.

(Siegel). N.

B. Nr. 58.

E.-Nr...................... Emskirchen, den 25. Juni 1891.

Der Standesbeamte
von Emskirchen.
An das
Kgl. Bezirksamt
Neustadt a. A.

Betreff:
Gehorsame Bitte um Genehmigung der Beurkundung einer verspäteten Geburtsanzeige gemäß § 27 Abs. I des Personenstandsgesetzes.

Der Weber Christian Müller dahier machte heute vor dem unterzeichneten Standesbeamten die Anzeige, daß seine Ehefrau Margareta, geb. Schmidt, wohnhaft bei ihm, am 7. März d. J. ein Kind männlichen Geschlechts geboren habe.

Nach gepflogener Recherche und Einvernahme der Hebamme Anna Ebersberger dahier bestehen an der Richtigkeit dieser Anzeige keine Zweifel und gestattet sich deshalb gehorsam Unterzeichneter im Hinblick auf § 27 Abs. I des Personenstandsgesetzes die ergebenste Bitte zu stellen:

„Kgl. Bezirksamt Neustadt a. A. wolle die Genehmigung zur Eintragung besagter Geburtsanzeige gütigst erteilen.“

Gehorsam!

Der Standesbeamte.

N.

Eintragung einer verzögerten Geburtsanzeige. ***B. Nr. 59.***

Nr. 24. A.

Emskirchen, am *2. Juli* 1891.

Vor dem unterzeichneten Standesbeamten erschien heute, der Persönlichkeit nach bekannt,
der Weber Christian Müller
wohnhaft zu *Emskirchen, Sandstrasse, Haus Nr. 107*
evangelischer Religion, und zeigte an, daß von der
Margareta Müller, geb. Schmidt, seiner Ehefrau
evangelischer Religion,
wohnhaft zu *Emskirchen, Sandstrasse, Haus Nr. 107*
zu *Emskirchen in seiner Wohnung*
am *siebenten März* des Jahres
tausend acht hundert *neun*zig und *eins* *vor mittags*
um *sechs* Uhr ein Kind *männ*lichen
Geschlechts geboren worden sei, welches *die* Vornamen
Johann Christof
erhalten habe. *Zu der vorstehenden Eintragung wurde die Genehmigung der Aufsichtsbehörde unterm 30. Juni 1891 erteilt.*

Vorgelesen, genehmigt und *unterschrieben:*
Christian Müller.

Der Standesbeamte.

N.

B. Nr. 60.
(Zu *B. Nr.* 23).

Bescheinigung
über
Geburtsanzeige.

Das von der *Anna Margareta Johanna Wagner, geb. Bayer, Ehefrau des Kaufmanns Johann Ulrich Wagner zu Emskirchen* am *16. Februar* 1895 *nach*mittags $^1/_2$*11* Uhr dahier geborene Kind *weib*lichen Geschlechts ist heute unter Nr. *6* des Geburtsregisters mit dem Vornamen *Elisa Johanna Babetta* eingetragen worden.

Emskirchen, den 22. Februar 1895.

Der Standesbeamte.

(Siegel). N.

Anzeige einer Geburt bei vorübergehendem Aufenthalte der Kindsmutter. **B. Nr. 61.**

E.-Nr....................... Emskirchen, den 27. November 1888.

Der Standesbeamte
von Emskirchen.
An das
Standesamt
Nürnberg.

Betreff:
Anzeige einer auswärts erfolgten Geburt gemäß Min.-Entschl. vom 5. Dez. 1875 Absch. V Ziff. 3.

Die zu vorübergehendem Aufenthalte dahier sich befindende Hutmachersehefrau Pauline Rost von Nürnberg hat am 22. d. Mts. dahier geboren und beehrt sich Unterzeichneter Abschrift der Geburtsurkunde hiemit zu übersenden.

Der Standesbeamte.
N.

B. Nr. 62.

Standesamt Emskirchen. Emskirchen, den ....

Geburtsanzeige.

Von der ....

....

.... Religion, wohnhaft zu ....

Ehefrau des ....

....

.... Religion, wohnhaft zu ....

beheimatet zu .... wurde zu ....

am .... ein Kind ....lichen Geschlechts

geboren, welches .... Vornamen ....

....

erhalten hat.

Der Standesbeamte.

....

An die

Gemeindeverwaltung

zu..........

Protokoll.

Verehelichung des Oekonomen David Popp von Gunzendorf.

Gunzendorf, den 7. Mai 1895.

Gegenwärtig:
Bürgermeister N.
Gemeindeschreiber N.
als Protokollführer.

Es erscheint heute vor dem Unterzeichneten

der Oekonom Johann Schönleben,
wohnhaft zu Gunzendorf

und erklärt:

Meine Tochter Anna Schönleben, geb. am 8. Juli 1873,
wohnhaft zu Gunzendorf

beabsichtigt sich mit

dem Oekonomen David Popp, geb. am 15. September 1869,
wohnhaft zu Gunzendorf,

zu verehelichen.

Auf Grund des § 29 des P. G. vom 6. Februar 1875 erkläre ich hiemit meine väterliche Einwilligung.

V. g. u. u.

Johann Schönleben.

G. w. o.

Der Bürgermeister

N.

N., Protokollführer.

Gebühr 50 ₰

Geb.-Reg. Nr. ....

Gemeindliches Zeugnis an Stelle der väterlichen Einwilligungserklärung. ***B. Nr. 64.***

Zeugnis.

Auf Ansuchen wird der Taglöhnerstochter Katarina Erbar, geboren am 7. April 1870 zu Emskirchen, bestätigt, daß deren Vater, der Taglöhner Konrad Erbar seit 10 Jahren seine Familie böswilligerweise verlassen hat, unbekannten Aufenthaltes ist und deshalb gemäß § 29 des Personenstandsgesetzes die zur Verehelichung derselben mit dem Arbeiter Ignaz Wanderer, geboren am 15. Juli 1868, wohnhaft in Brunn, erforderliche väterliche Einwilligung nicht erholt werden kann.

Emskirchen, den 15. Juli 1893.

Der Bürgermeister.

(Siegel). N.

Gebühr 1 *M*

Geb.-Reg. Nr. ....

Verwandtschaftszeugnis. ***B. Nr. 65.***

Zeugnis.

Zum Zwecke der Verehelichung wird hiemit bezeugt, daß der *ledige Arbeiter Ignaz Wanderer in Brunn* —————— zu seiner Verlobten *der ledigen Katarina Erbar zu Emskirchen* —————— in keinem der in § 33 Ziff. 1 mit 4 und § 37 des Gesetzes vom 6. Februar 1875, die Beurkundung des Personenstandes und die Eheschließung betr., bezeichneten Verhältnisse steht.

Brunn, den *15. Juli* 1*893.*

Gemeinde-Verwaltung.

Der Bürgermeister.

(Siegel). N.

Gebühr 1 *M*

Geb.-Reg. Nr. ....

B. Nr. 66.

Familienstandszeugnis.

Auf Grund der Standesregister wird bezeugt, daß aus der Ehe zwischen dem Oekonomen Konrad Schönleben zu Emskirchen und seiner am 30. April 1892 dahier verstorbenen Ehefrau Ursula, geb. Polster, Kinder nicht vorhanden sind.

Emskirchen, den 7. Juni 1893.

Der Standesbeamte.

(Siegel). N.

Gebühr 50 ₰
Geb.-Reg. Nr.

B. Nr. 67.

Bescheinigung
der
Eheschließung.

Zwischen dem *ledigen Oekonomen Johann Leonhard Kerschbaum* wohnhaft zu *Ebersbach* und der *ledigen Dorothea Beck* wohnhaft zu *Hagenbüchach* ist vor dem unterzeichneten Standesbeamten heute die Ehe geschlossen worden.

Emskirchen, am *15*ten *Juli* 18*90*.

Der Standesbeamte.

(Siegel). N.

B. Nr. 68.

F.

Standesamtliche Ermächtigung.

Der unterzeichnete Standesbeamte des *Kgl. Bayer.* Standesamts zu *Hagenbüchach* ——————

erteilt hierdurch die Ermächtigung, daß die Ehe zwischen

1. dem *ledigen Oekonomen Johann Leonhard Kerschbaum* wohnhaft zu *Ebersbach, geboren am 29. August 1869 zu Ebersbach*
   Sohn des *verstorbenen Bauers Johann Kerschbaum, zuletzt wohnhaft zu Ebersbach, und seiner Ehefrau Anna, geb. Popp, wohnhaft zu Ebersbach* ——————
2. und der *ledigen Dorothea Beck* ——————
   wohnhaft zu *Hagenbüchach, geboren am 16. Dezember 1870 zu Hagenbüchach*
   Tochter des *Maurers Andreas Beck, wohnhaft zu Hagenbüchach, und seiner verstorbenen Ehefrau Maria, geb. Wehr, zuletzt wohnhaft zu Hagenbüchach* ——————

vor dem Standesbeamten zu *Emskirchen* ——————
geschlossen werde.

Zugleich bescheinigt der unterzeichnete Standesbeamte, daß das Aufgebot vorschriftsmäßig *in der Gemeinde Ebersbach vom 10. Juni 1890 bis 21. Juni 1890 und in der Gemeinde Hagenbüchach vom 9. Juni 1890 bis 20. Juni 1890* ——————

erfolgt ist und daß Ehehindernisse nicht zu seiner Kenntnis gekommen sind.

Hagenbüchach, am *3ten Juli* 1890.

Der Standesbeamte.

(Siegel). N.

Gebühr 50 ₰
Geb.-Reg. Nr.

B. Nr. 69.

E.

Aufgebot.

Es wird zur allgemeinen Kenntnis gebracht, daß

1. der *Handlungsreisende Emil Wünsche*

wohnhaft zu *Dresden, früher in Berlin*
Sohn des *Kaufmanns Albert Wünsche und seiner Ehefrau Luise, geb. Naumann, beide wohnhaft in Dresden*

2. und die *ledige Auguste Albert*

wohnhaft zu *Emskirchen*
Tochter des *Gastwirts Friedrich Albert und seiner Ehefrau Dorothea, geb. Petri, beide wohnhaft in Emskirchen*

die Ehe miteinander eingehen wollen.

Die Bekanntmachung des Aufgebots hat in den *Gemeinden Emskirchen, Berlin und Dresden* zu geschehen.

Emskirchen, am *11*ten *August* 1892.

Der Standesbeamte.

(L. S.) N.

Ausgehängt am *Rat*- hause zu *Emskirchen* am *12*ten *August* 1892.

Abgenommen am *27*ten *August* 1892.

Emskirchen, am *27*ten *August* 1892.

Der Bürgermeister.

(L. S.) N.

B. Nr. 70.

Register

über

die erlassenen Aufgebote

des Standesamtes

zu

Emskirchen.

Fortlaufende Nummer	Der Sammel-Akten Folium	Name, Vorname, Stand und Wohnort des Bräutigams	Name, Vorname, Stand und Wohnort der Braut
1	1	**Wünsche Emil,** Handlungsreisender in Dresden	**Albert Auguste,** Gastwirtstochter in Emskirchen

Das Aufgebot erfolgte auf							Bemerkungen
eigene Veranlassung am			Requisition des Standesbeamten				
			zu ... Bez.-Amts ...	am			
Tag	Monat	Jahr		Tag	Monat	Jahr	
12	August	1892					

B. Nr. 71.

Aufgebotsbescheinigung.

1. Der *Handlungsreisende Emil Wünsche* ——————
evangelischer Religion ——————
geboren zu *Berlin am 12. April 1862* ——————
wohnhaft zu *Dresden, früher in Berlin* ——————
Sohn des *Kaufmanns Albert Wünsche und seiner Ehefrau Luise, geb. Naumann, beide wohnhaft in Dresden* ——————

und

2. die *Auguste Albert* ——————
evangelischer Religion ——————
geboren zu *Emskirchen am 13. Juni 1867* ——————
wohnhaft zu *Emskirchen* ——————
Tochter des *Gastwirts Friedrich Albert und seiner Ehefrau Dorothea, geb. Petri, beide wohnhaft in Emskirchen* ——————

wünschen ihre Ehe vor dem Standesamt in *Dresden* zu schließen.

Auf Grund des § 49 des Reichsgesetzes über die Beurkundung des Personenstandes und die Eheschließung vom 6. Februar 1875 wird von dem Unterzeichneten, welcher das Aufgebot angeordnet hat, bescheinigt, daß dasselbe in den Gemeinden

zu *Emskirchen* in den Tagen vom *12. August 1892* bis *27. August 1892*
zu *Berlin* in den Tagen vom *14. August 1892* bis *29. August 1892*
zu *Dresden* in den Tagen vom *15. August 1892* bis *30. August 1892*

vorschriftsgemäß erfolgt ist und daß Ehehindernisse nicht zu seiner Kenntnis gelangt sind.

Emskirchen, den *5. September 1892*.

Der Standesbeamte.

(Siegel). N.

B. Nr. 72.

Protokoll.

In Gegenwart
des *Bürgermeisters N.*
des *Gemeindeschreibers N.*
als Protokollführer.

Geschehen
Hagenbüchach
den *8ten Juni* 1890.

Es erscheint heute

Vor- und Zuname des Bräutigams: *Johann Leonhard Kerschbaum*
Ledig oder verwitwet: *ledig*
Religion: *evangelisch*
Stand: *Oekonom*
Wohnort: *Ebersbach*
Heimat: *Hagenbüchach*
geboren zu *Ebersbach am 29. August 1869*
Sohn des *verstorbenen Bauers Johann Kerschbaum*
und der *Anna* geborne *Popp*
Stand der Eltern: *Bauer*
wohnhaft zu *Ebersbach*

erklärt, daß er sich mit

Vor- und Zuname der Braut: *Dorothea Beck*
Ledig oder verwitwet: *ledig*
Religion: *evangelisch*
bisheriger Wohnort: *Hagenbüchach*
bisherige Heimat: *Hagenbüchach*
geboren zu *Hagenbüchach am 16. Dezember 1870*
Tochter des *Andreas Beck*
und der *verstorbenen Maria* geborne *Wehr*
Stand der Eltern: *Maurer*
wohnhaft zu *Hagenbüchach*

zu verehelichen beabsichtige, und stellt die Bitte, daß ihm nach vorschriftsmäßiger Instruktion seines Gesuches das Verehelichungs-Zeugnis durch das Kgl. Bezirksamt (Magistrat) *Neustadt a. A.* ausgestellt werden wolle.

Zur Erfüllung der gesetzlichen Voraussetzungen erklärt derselbe und übergibt folgende Nachweise:

A. Für seine Person:

1. Nachweis, daß wegen der Militärpflicht der Verehelichung kein Hindernis entgegensteht.	*Ausmusterungsschein liegt an.*
2. Dienstliche Bewilligung bei Beamten.	*Hier nicht nötig.*
3. Bei Witwern Nachweis über die erfolgte gesetzliche Abfindung der allenfalls vorhandenen Kinder aus der vorigen Ehe und Angabe der Zeit des Todes der früheren Ehefrau.	*Hier nicht nötig.*
4. Bei geschiedenen Personen Nachweis der erfolgten Ehetrennung durch beglaubigte Abschrift des richterlichen Endurteiles.	*Hier nicht nötig.*
5. Nachweis, daß dem Verehelichungs-Vorhaben der § 33 des Reichsgesetzes vom 6. Februar nicht entgegensteht.	*Verwandtschaftszeugnis liegt an.*
6. Nachweis der Einwilligung der Eltern oder des Vormundes, insoferne der Bräutigam das 25. Lebensjahr noch nicht zurückgelegt hat (gesondert beizubringen).	*Einwilligungserklärungen der Mutter und des Vormundes, sowie Sterbeurkunde über das Ableben des Vaters liegen an.*
7. Die Erklärung seiner Heimatgemeinde, daß sie keinen Einspruch nach Art. 36 des Gesetzes erhebe und daß die Angaben oben zu Ziff. 5 richtig sind.	*Erklärung der Heimatgemeinde wird nachträglich beigebracht. Liegt nun an.*
8. Den etwa bereits erfolgten Anschlag des Gesuchs in der Aufenthaltsgemeinde der auswärts wohnenden Braut.	*Die Verehelichungsbekanntmachungen werden nach Umfluss der gesetzlichen Aushängefrist beigebracht. Liegen nun an.*
9. Nachweis über Alter durch ein pfarramtliches oder standesamtliches Geburtszeugnis.	*Pfarramtliches Geburtszeugnis liegt an.*

B. für seine Verlobte:

1. Nachweis über Stand, Heimat, sowie über etwa vorhandene Kinder derselben durch Zeugnis der Gemeindebehörde ihrer Heimat, dann über das Alter durch ein pfarramtliches oder standesamtliches Zeugnis.	*1. Familienstandszeugnis der Heimatgemeinde der Braut und 2. pfarramtlichesGeburtszeugnis liegen an.*
2. Bei Witwen Nachweis der gesetzlichen Abfindung mit den aus der vorausgegangenen Ehe etwa vorhandenen Kindern, sowie über die Zeit des Todes des früheren Ehemannes.	*Hier nicht nötig.*
3. Wenn die Verlobte geschieden ist, Nachweis der erfolgten Ehetrennung durch beglaubigte Abschrift des richterlichen Endurteiles.	*Hier nicht nötig.*
4. Nachweis der Einwilligung der Eltern oder des Vormundes, insoferne die Braut das 24. Lebensjahr noch nicht zurückgelegt hat (gesondert beizubringen). (Hier wie sub a Ziff. 6).	*Einwilligungserklärung des Vaters liegt an.*
5. Bei Witwen vor Ablauf von 10 Monaten seit dem Tode des vorigen Ehemannes Nachweis des erlangten Ministerialdispens.	*Hier nicht nötig.*

L. u.

(Unterschrift des Antragstellers):

Johann Leonhard Kerschbaum.

Beschluß.

I. Es ist sofort die vorgeschriebene Bekanntmachung entsprechend auszufüllen und 10 Tage lang in der Aufenthaltsgemeinde des Bräutigams und der Braut anzuschlagen.

II. Nach Abnahme dieser Bekanntmachung und Einverleibung derselben in die Akten sind letztere der zuständigen Distriktspolizeibehörde zur Ausstellung des Verehelichungszeugnisses einzusenden.

G. w. o.

Bürgermeister:	**Gemeindeschreiber:**
N.	N.

Gebühren.

— M.	50 ₰	Protokoll.
1 M.	— ₰	Bekanntmachung.
— M.	20 ₰	Ins.-Geb.
1 M.	70 ₰	Geb.-Reg. Nr. ....

B. Nr. 73.

Nr. ....

Erklärung.

Von der unterzeichneten Gemeinde-Verwaltung wird hiemit gemäß Gemeindeverwaltungs-Beschlusses vom Heutigen (Protokollbuch S. *12*) bestätigt, daß gegen die Verehelichung des

ledigen Oekonomen Johann Leonhard Kerschbaum

wohnhaft zu *Ebersbach*

heimatberechtigt zu *Hagenbüchach*

mit der *ledigen Dorothea Beck*

wohnhaft zu *Hagenbüchach*

heimatberechtigt zu *Hagenbüchach*

auf Grund des Art. 36 des Gesetzes über Heimat, Verehelichung und Aufenthalt vom 16. April 1868 nach der Fassung der Allerh. Deklaration vom 21. April 1884 Einsprüche nicht erhoben werden können.

Hagenbüchach, den *12. Juni* 1*890*.

Die Gemeinde-Verwaltung.

(L. S.) N.

(Gebührenfrei!)

NB. Diese Erklärung ist von sämtlichen bei der Beschlußfassung anwesenden Verwaltungsmitgliedern zu unterzeichnen.

B. Nr. 74.

E.-Nr..................... ....den..............................18.........

Von der
Gemeindeverwaltung

An die
Gemeindeverwaltung
von

Betreff:
Eheschließung des..............................

Gemäß Art. 35 Abs. II Ziff. 2 des Heimat- und Verehelichungsgesetzes vom 16. April 1868 übersende ich anliegenden Bekanntmachungsentwurf mit dem höflichen Ersuchen, nach demselben Bekanntmachung zu erlassen und diese dann mit der Bestätigung über etwa erfolgte Einspruchserklärungen versehen nach stattgehabtem Aushange wieder anher zu senden.

Die Gemeindeverwaltung.

Bürgermeister.

Protokoll. **B. Nr. 75.**
Einsprache gegen ein Verehelichungsvorhaben.

Geschehen
Emskirchen, den

In Gegenwart:
des Bürgermeisters N.
des Gemeindeschreibers N.

Es erscheint heute freiwillig ....
.... und bringt vor:

Nach der zur Zeit am Gemeindebrett angeschlagenen öffentlichen Bekanntmachung beabsichtigt sich der ....
mit zu verehelichen.

Da mir aber der
seit Jahren die Ehe versprochen hat und ich auch die Mutter eines unehelichen Kindes bin, dessen Vater der ....
ist, so glaube ich, gegen dessen Verehelichungsvorhaben Einsprache erheben zu müssen und bitte diese dem Kgl. Bezirksamte N. mitzuteilen.

Der Erschienenen wurde hierauf gemäß Art. 35 Abs. 5 des Verehelichungsgesetzes bekannt gegeben, daß sie binnen 10 Tagen von heute an gerechnet, den Nachweis zu erbringen habe, daß sie ihren Einspruch bei Gericht geltend gemacht habe.

L. U.

N.

G. w. o.

N. Bürgermeister.

N. Gemeindeschreiber.

B. Nr. 76.

Bekanntmachung.

Vor- und Zuname des Bräutigams *Johann Leonhard Kerschbaum*
ob ledig oder verwitwet . . . *ledig*
Stand . . . . *Oekonom*
Religion . . . . *evangelisch*
Wohnort . . . . *Ebersbach*
Heimat . . . . *Hagenbüchach*
geboren zu . . . . *Ebersbach am 29. August 1869*
Sohn des *verstorbenen Bauers Johann Kerschbaum* und der *Anna, geb. Popp* zu *Ebersbach* beabsichtigt mit
Vor- und Zuname der Braut . *Dorothea Beck*
ob ledig oder verwitwet . . . *ledig*
Religion . . . . *evangelisch*
bisheriger Wohnort . . . . . *Hagenbüchach*
bisherige Heimat . . . . . . *Hagenbüchach*
geboren zu . . . . *Hagenbüchach am 16. Dezember 1870*
Tochter des *Maurers Andreas Beck* zu *Hagenbüchach* und der *verstorbenen Maria, geb. Wehr* eine Ehe zu schließen.

Personen, welche gegen Schließung dieser Ehe auf Grund civilrechtlicher Bestimmungen Einspruch erheben wollen, haben ihren Einspruch **binnen 10 Tagen,** von der Anheftung dieser Bekanntmachung an gerechnet, bei der unterzeichneten Gemeindeverwaltung oder bei dem*) *Kgl. Bezirksamte Neustadt a. A.* geltend zu machen.

Hagenbüchach, den *9*ten *Juni* 1890.

Die Gemeindeverwaltung.

(L. S.) N.

Bürgermeister.

Angeheftet am *9*ten *Juni* 1890.

Abgenommen am *20*ten *Juni* 1890.

Die unterzeichnete Gemeindeverwaltung bestätigt, daß die vorstehende Bekanntmachung 10 Tage in der Gemeinde öffentlich angeheftet war.

Zugleich wird bemerkt, daß *kein***) Einspruch bei der unterzeichneten Gemeindeverwaltung erhoben wurde.

Hagenbüchach, den *20*ten *Juni* 1890.

Die Gemeindeverwaltung.

(L. S.) N.

Bürgermeister.

1 ℳ — ₰	Gebühr	
— ℳ 20 ₰	Jnſ.-Geb.	
1 ℳ 20 ₰	Geb.-Reg. Nr.	

*) Anmerkung. Hier ist das Bezirksamt (oder der unmittelbare Magistrat) derjenigen Gemeinde, in welcher der Bräutigam heimatberechtigt ist, zu nennen.

**) oder falls ein Einspruch erfolgte, „daß der in dem beiliegenden Protokolle aufgenommene Einspruch".

B. Nr. 77.

Familienstands-Zeugnis.

Von der unterfertigten Gemeindeverwaltung wird hiemit der Vor- und Zuname: *Anna Margareta Reingruber* ——
Stand: *ledig* ——
zum Zwecke ihrer vorhablichen Verehelichung bestätigt, daß sie am *9ten Dezember* 1869 geboren, die —— eheliche Tochter des *Schmiedmeisters Josef Reingruber zu Emskirchen* ——
und der *Margareta* —— geborenen *Scheller* ——
und in der unterfertigten Gemeinde beheimatet ist.

Zugleich wird bestätigt, daß keine Einspruchsgründe nach Art. 36 Abs. 1 Ziff. 1—7 des Gesetzes vom 16. April 1868 über Heimat, Verehelichung und Aufenthalt nach der Abänderung durch die Königliche Deklaration vom 21. April 1884 bestehen.

Dieselbe hat *keine* Kinder.

Emskirchen, am *28ten Oktober* 1893.

Markt-**Gemeindeverwaltung** *Emskirchen.*

Der Bürgermeister.

(Siegel). N.

— *M.* 50 *₰* Gebühr
— „ 20 „ Zustellung
— *M* 70 *₰*

Geb.-Reg. Nr. ....

(*B. Nr.* 78 siehe nächste Seite).

B. Nr. 79.

Familienstands-Zeugnis.

Von der unterfertigten Gemeindeverwaltung wird hiemit der Vor- und Zuname: *Anna Barbara Huber, geb. Wirth* ——

Stand: *Maurerswitwe* ——

zum Zwecke ihrer vorhablichen Verehelichung bestätigt, daß sie am *17ten Juni* 1852 geboren, die *un*eheliche Tochter der *verstorbenen ledigen Taglöhnerin Maria Wirth zu Emskirchen* und der —— geborenen ——

und in der unterfertigten Gemeinde beheimatet ist.

Zugleich wird bestätigt, daß keine Einspruchsgründe nach Art. 36 Abs. 1 Ziff. 1—7 des Gesetzes vom 16. April 1868 über Heimat, Verehelichung und Aufenthalt nach der Abänderung durch die Königliche Deklaration vom 21. April 1884 bestehen.

Dieselbe hat *zwei* Kinder:

1. *Georg Huber, geboren am 14. Januar 1872 zu Emskirchen*
2. *Rosina Huber, geboren am 17. Juni 1880 zu Emskirchen.*

Beide Kinder behalten gemäss Art. 1 Abs. 2 des Heimatgesetzes vom 16. April 1868 die Heimat in der unterfertigten Gemeinde.

Emskirchen, am *15. April* 1893.

*Markt-*Gemeindeverwaltung *Emskirchen.*

Der Bürgermeister.

(Siegel). N.

— ℳ 50 ₰ Gebühr
— „ 20 „ Zustellung
— ℳ 70 ₰

Geb.-Reg. Nr. ....

Familienstandszeugnis für eine ledige Braut mit außerehelichen Kindern. **B. Nr. 78.**

Dieses Zeugnis lautet wie *B. Nr.* 77. Es sind jedoch die vorhandenen unehelichen Kinder mit Namen und Geburtstag aufzuführen unter gleichzeitiger Benennung der (bekannten) außerehelichen Väter derselben mit Stand und Wohnort.

z. B.

„Dieselbe hat *zwei* Kinder:

1. Johann, geboren am 2. Februar 1890 zu Fürth, der außereheliche Vater dieses Kindes ist der Schreiner Johann Hub zu Fürth;
2. Anna, geboren am 7. Juni 1892 zu Fürth, der außereheliche Vater dieses Kindes ist unbekannt."

u. s. w.

Familienstandszeugnis für eine Witwe mit ehelichen und außerehelichen Kindern. **B. Nr. 80.**

Dieses Zeugnis lautet wie *B. Nr.* 79. Die Kinder sind wie in *B. Nr.* 78 mit Namen und Geburtstag aufzuführen und für die außerehelichen Kinder der Kindsvater mit Namen, Stand und Wohnort zu benennen; auch ist über den Heimaterwerb der Kinder entsprechender Vermerk zu machen.

z. B.

„Dieselbe hat *drei* Kinder:

1. Georg Wirth, geboren am 14. Januar 1872 zu Neustadt a. A., Vater dieses Kindes ist der Schreiner Andreas Dorn in Neustadt a. A.;
2. Rosina Huber, geboren am 17. Juni 1880 zu Emskirchen;
3. Barbara Wirth, geboren am 23. April 1890 zu Emskirchen, Vater dieses Kindes ist der Maurer Friedrich Reiser zu Emskirchen.

Die Kinder Georg und Barbara Wirth folgen der Heimat der Mutter, während Rosina Huber die Heimat in der unterfertigten Gemeinde nach Art. 1 Abs. 2 des Heimatgesetzes vom 16. April 1868 behält."

u. s. w.

Anmerkung: Georg und Barbara Wirth sind uneheliche Kinder; ersteres ist im ledigen, letzteres im Witwenstande geboren. Rosina Huber ist ein eheliches Kind.

B. Nr 81.

Ansprache des Standesbeamten bei Trauungen.

a. Kurze Form:

Als Standesbeamter der Gemeinde ...... stelle ich an Sie die Frage:

(Name des Bräutigams) ... ist es Ihr freier und ungezwungener Wille mit der hier gegenwärtigen (Name der Braut) ..... die Ehe einzugehen? .... (Ja!)

(Name der Braut) ..... ist es Ihr freier und ungezwungener Wille mit dem hier gegenwärtigen (Name des Bräutigams) ...... die Ehe einzugehen? .... (Ja!)

Ich erkläre Sie nunmehr kraft des Gesetzes für rechtmäßig verbundene Eheleute.

b. Längere Form:

Sie beide erscheinen vor mir, dem Standesbeamten für die Gemeinde / den Bezirk .... in der Absicht, auf Grund des Gesetzes den ehelichen Bund zu schließen. Indem Sie nun vor dem Standesbeamten und den beiden Zeugen die Erklärung, sich zu ehelichen, abgeben, haben Sie die gesetzlichen Bedingungen erfüllt und die hier geschlossene Ehe ist rechtsgiltig, sie ist unauflösbar und kann nur das Gesetz oder der Tod scheiden.

Ich erinnere Sie an die Wichtigkeit Ihres vorhabenden Schrittes und stelle an Sie die Frage:

(Name des Bräutigams) ... ist es Ihr freier und ungezwungener Wille mit der hier gegenwärtigen (Name der Braut) .... die Ehe einzugehen? .... (Ja!)

(Name der Braut) ..... ist es Ihr freier und ungezwungener Wille mit dem hier gegenwärtigen (Name des Bräutigams) ...... die Ehe einzugehen? .... (Ja!)

Ich erkläre Sie nunmehr kraft des Gesetzes für rechtmäßig verbundene Eheleute.

B. Nr. 82.
(Vergl. *B. Nr.* 68 und 72).

Nr. 7. B.

Emskirchen, am *fünfzehn*ten
Juli tausend acht hundert *neun*zig und ———

Vor dem unterzeichneten Standesbeamten erschienen heute zum Zwecke der Eheschließung:

1. der *ledige Oekonom Johann Leonhard Kerschbaum* ———

der Persönlichkeit nach ——— bekannt,
evangelischer Religion, geboren den *neun und zwanzigsten August* ——— des Jahres tausend acht hundert *sechzig und neun* ——— zu *Ebersbach* ———, wohnhaft zu *Ebersbach*

Sohn des *verstorbenen Bauers Johann Kerschbaum, zuletzt wohnhaft zu Ebersbach, und seiner Ehefrau Anna, geb. Popp* ——— wohnhaft zu *Ebersbach* ———

2. die *ledige Dienstmagd Dorothea Beck* ———

der Persönlichkeit nach ——— bekannt,
evangelischer Religion, geboren den *sechzehnten Dezember* ——— des Jahres tausend acht hundert *siebenzig* ——— zu *Hagenbüchach* ———, wohnhaft zu *Hagenbüchach*

Tochter des *Maurers Andreas Beck, wohnhaft zu Hagenbüchach, und seiner verstorbenen Ehefrau Maria, geb. Wehr* ——— *zuletzt* wohnhaft zu *Hagenbüchach* ———

Als Zeugen waren zugezogen und erschienen:

3. der *Oekonom Michael Raab*

der Persönlichkeit nach

*be*kannt,

dreissig Jahre alt, wohnhaft zu *Gunzendorf*

4. der *Maurer Georg Beck*

der Persönlichkeit nach *durch den von Person bekannten Michael Raab* *aner*kannt,

fünf und zwanzig Jahre alt, wohnhaft zu *Münchaurach*

In Gegenwart der Zeugen richtete der Standesbeamte an die Verlobten einzeln und nach einander die Frage:

ob sie erklären, daß sie die Ehe mit einander eingehen wollen. Die Verlobten beantworteten diese Frage bejahend und erfolgte hierauf der Ausspruch des Standesbeamten, daß er sie nunmehr kraft des Gesetzes für rechtmäßig verbundene Eheleute erkläre.

Vorgelesen, genehmigt und *unterschrieben:*

Johann Leonhard Kerschbaum.

Dorothea Kerschbaum, geb. Beck.

Michael Raab.

Georg Beck.

Der Standesbeamte.

N.

Anmerkung zu *B. Nr.* 82.

I.

Der Eintrag der Eltern der Brautleute kann auch in folgender Weise geschehen und müßte es dann oben heißen:

a. wenn beide Eltern leben:

Sohn des *Bauers Johann Kerschbaum und seiner Ehefrau Anna, geb. Popp, beide* wohnhaft zu *Ebersbach.*

b. wenn beide Eltern verstorben sind:

Sohn des *verstorbenen Bauers Johann Kerschbaum und seiner verstorbenen Ehefrau Anna, geb. Popp, beide zuletzt* wohnhaft zu *Ebersbach.*

c. wenn eines der Eltern verstorben ist:

1. Sohn des *zu Ebersbach verstorbenen Bauers Johann Kerschbaum und seiner Ehefrau Anna, geb. Popp, letztere* wohnhaft zu *Ebersbach.*
2. Tochter des *Maurers Andreas Beck und seiner zu Hagenbüchach verstorbenen Ehefrau Maria, geb. Wehr, ersterer* wohnhaft zu *Hagenbüchach.*

II.

Wenn eines der Verlobten oder beide vor der Verehelichung ihren ständigen Wohnsitz gewechselt haben, so daß sie zur Zeit der Verehelichung nicht mehr an dem Orte wohnen, der im Verehelichungszeugnis oder in der standesamtlichen Ermächtigung als Wohnort bezeichnet ist, dann empfiehlt sich, auch auf den früheren Wohnort hinzuweisen; z. B. „wohnhaft zu *Emskirchen, früher zu Ebersbach.*"

B. Nr. 83.

Nr. 8. B.

Emskirchen, am *sieben*ten *Juni* tausend acht hundert *neunzig* und *drei.*

Vor dem unterzeichneten Standesbeamten erschienen heute zum Zwecke der Eheschließung:

1. der *ledige Bierführer Johann Leonhard Fleischmann* ——— der Persönlichkeit nach ——— bekannt, *evangelischer* ——— Religion, geboren den *achten Juli* ——— des Jahres tausend acht hundert *sechzig und sieben* ——— zu *Emskirchen* ———, wohnhaft zu *Nürnberg* ——— Sohn des *verstorbenen Maurers Johann Fleischmann, zuletzt wohnhaft zu Emskirchen, und seiner Ehefrau Babetta, geb. Rümler, nun verehelichten Raab* ——— wohnhaft zu *Emskirchen* ———

2. die *ledige Dienstmagd Katarina Scheller* ——— der Persönlichkeit nach ——— bekannt, *evangelischer* Religion, geboren den *zwanzigsten August* ——— des Jahres tausend acht hundert *siebenzig* ——— zu *Brunn* ——— wohnhaft zu *Emskirchen* ——— Tochter der *ledigen Taglöhnerin Anna Scheller* ——— wohnhaft zu *Emskirchen* ———

Als Zeugen waren zugezogen und erschienen:

3. der *Taglöhner Leonhard Scheller* ______

______

der Persönlichkeit nach ______

______ *bekannt,*

vier und vierzig ____ Jahre alt, wohnhaft zu *Emskirchen*

______

4. der *Schuhmacher Georg Fleischmann* ______

______

der Persönlichkeit nach ______

______ *bekannt,*

vierzig ______ Jahre alt, wohnhaft zu *Brunn* ____

______

In Gegenwart der Zeugen richtete der Standesbeamte an die Verlobten einzeln und nach einander die Frage:

ob sie erklären, daß sie die Ehe mit einander eingehen wollen. Die Verlobten beantworteten diese Frage bejahend und erfolgte hierauf der Ausspruch des Standesbeamten, daß er sie nunmehr kraft des Gesetzes für rechtmäßig verbundene Eheleute erkläre.

Der Bierführer Johann Leonhard Fleischmann erklärt hierauf, dass er das von der damals ledigen Dienstmagd Katarina Scheller, seiner nunmehrigen Ehefrau, am ersten August des Jahres tausend acht hundert neunzig und eins zu Emskirchen geborene Kind Anna als von ihm erzeugt anerkenne.

Vorgelesen, genehmigt und *unterschrieben:* ______

Johann Leonhard Fleischmann. ______

Katarina Fleischmann, geb. Scheller. ______

Leonhard Scheller. ______

Georg Fleischmann. ______

Der Standesbeamte.
N.

Anmerkung zu *B. Nr.* 83.

Wenn die Mutter des Bräutigams auch verstorben wäre, dann müßte der Eintrag oben heißen:

Sohn des *verstorbenen Maurers Johann Fleischmann und seiner verstorbenen Ehefrau Babetta, geb. Rümler, zuletzt verehelichten Raab, beide zuletzt* wohnhaft zu *Emskirchen.*

B. Nr. 84.

(Nebenregistereintrag).

Nr. *10.* B.

Emskirchen, am *fünf und zwanzigsten August* tausend acht hundert *neunzig* und *vier.*

Vor dem unterzeichneten Standesbeamten erschienen heute zum Zwecke der Eheschließung:

1. der *geschiedene Taglöhner Andreas Schönleben* ——— der Persönlichkeit nach ——— bekannt, *evangelischer* Religion, geboren den *ersten Juni* ——— des Jahres tausend acht hundert *fünfzig und vier* ——— zu *Neustadt an der Aisch* ———, wohnhaft zu *Emskirchen* ——— Sohn der *Maria Schönleben, nun verehelichten Bauersehefrau Popp* ——— wohnhaft zu *Hagenbüchach* ———

2. die *verwitwete Schuhmachersfrau Maria Erbar, geb. Bertholdt* ——— der Persönlichkeit nach ——— bekannt, *evangelischer* Religion, geboren den *siebenten April* ——— des Jahres tausend acht hundert *sechzig und eins* ——— zu *Markt-Erlbach* ———, wohnhaft zu *Emskirchen* ——— Tochter der *verstorbenen Margareta Bertholdt, zuletzt verehelichten Maurersehefrau Wirth* ——— *zuletzt* wohnhaft zu *Markt-Erlbach* ———

Vor Unterzeichnung der Urkunde wird von den Erschienenen berichtigend bemerkt, daß die Braut Maria Erbar, geb. Bertholdt, nicht am „siebenten", sondern am „siebzehnten" April geboren ist.

Vorgelesen, genehmigt und unterschrieben:

Andreas Schönleben.
Maria Schönleben, verwitwete Erbar, geb. Bertholdt.
Johann Korn.
Johann Anton Schönleben.

Der Standesbeamte.
N.

Als Zeugen waren zugezogen und erschienen:

3. der *Dienstknecht Johann Korn*

der Persönlichkeit nach

bekannt,

fünf und dreissig Jahre alt, wohnhaft zu *Falkendorf, Königlichen Bezirksamts Höchstadt an der Aisch*

4. der *Gütler Johann Anton Schönleben*

der Persönlichkeit nach

bekannt,

drei und dreissig Jahre alt, wohnhaft zu *Brunn*

In Gegenwart der Zeugen richtete der Standesbeamte an die Verlobten einzeln und nach einander die Frage:

ob sie erklären, daß sie die Ehe mit einander eingehen wollen. Die Verlobten beantworteten diese Frage bejahend und erfolgte hierauf der Ausspruch des Standesbeamten, daß er sie nunmehr kraft des Gesetzes für rechtmäßig verbundene Eheleute erkläre.

Vorgelesen, genehmigt und *unterschrieben:*

Andreas Schönleben.

Maria Schönleben, verwitwete Erbar, geb. Bertholdt.

Johann Korn.

Johann Anton Schönleben.

Der Standesbeamte.
N.

Die Uebereinstimmung mit dem Hauptregister beglaubigt

Emskirchen, den *25*ten *August* 1*894*.

Der Standesbeamte.
N.

Anmerkung zu *B. Nr.* 84.

War die Mutter des Bräutigams und der Braut verwitwet, dann muß es heißen:

1. Sohn der *Maria Schönleben, nun verwitweten Bauersfrau Popp*, wohnhaft zu *Hagenbüchach.*
2. Tochter der *verstorbenen Margareta Bertholdt, zuletzt verwitweten Maurersfrau Wirth, zuletzt* wohnhaft zu *Markt-Erlbach.*

B. Nr. 85.

Standesamt Emskirchen. Emskirchen, den

Anzeige über Eheschließung.

Vor dem hiesigen Standesamte haben heute laut Nr. des Heiratsregisters die Ehe geschlossen:

1.

geboren zu

wohnhaft beheimatet

Sohn

wohnhaft zu

2.

geboren zu

wohnhaft beheimatet

Tochter

wohnhaft zu

Der Standesbeamte.
N.

An die
Gemeindeverwaltung
zu

Ehescheidung. B. Nr. 86.

Der der betreffenden Heiratsurkunde hierüber beigesetzte Randvermerk lautet:

Emskirchen, den

Durch rechtskräftiges Urteil des ...
vom ist die Ehe
zwischen dem ... und der ...
geb. ... aufgelöst worden.

Der Standesbeamte.
N.

Das Ableben des Ehemannes wird durch die Ehefrau angezeigt.

B. Nr. 87.

Nr. 4. C.

Ebersbach, am 5. *Mai* 1888.

Vor dem unterzeichneten Standesbeamten erschien heute, der Persönlichkeit nach ______ bekannt,
die Bauersfrau Friederika Reiss, geb. Schwarz ______

wohnhaft zu *Oberalbach, Gemeinde Ebersbach, Haus Nr. 5* und zeigte an, daß *ihr Ehemann, der Bauer Christof Reiss* ______ *drei und dreissig Jahre zwei Monate* ______ alt, *evangelischer* Religion wohnhaft zu *Oberalbach, Haus Nr. 5* ______ geboren zu *Oberalbach* ______

Sohn des *Bauern Wolfgang Reiss zu Oberalbach, und seiner verstorbenen Ehefrau Barbara, geb. Popp, zuletzt wohnhaft zu Oberalbach* ______
zu *Oberalbach, Haus Nr. 5* ______
am ______ *vierten Mai* ______
des Jahres tausend acht hundert *acht*zig und *acht* ______ *nach*mittags um *ein* ______ Uhr verstorben sei. ______

Vorgelesen, genehmigt und *unterschrieben:* ______
Friederika Reiss. ______

Der Standesbeamte.

N.

Das Ableben der Frau wird durch den Ehemann angezeigt. **B. Nr. 88.**

Nr. 4. C.

Ebersbach, am *5. Mai* 1888.

Vor dem unterzeichneten Standesbeamten erschien heute, der Persönlichkeit nach ______ bekannt,

der Bauer Christof Reiss ______

wohnhaft zu *Oberalbach, Gemeinde Ebersbach, Haus Nr. 5*

und zeigte an, daß *seine Ehefrau Friederika Reiss* ______

zwanzig und sieben Jahre ______ alt, *evangelischer* Religion

wohnhaft zu *Oberalbach bei ihm* ______

geboren zu *Rennhofen* ______

Tochter der *Ursula Schwarz, nun verehelichten Oekonomenehefrau Stang zu Gunzendorf* ______

zu *Oberalbach in des Anzeigenden Wohnung* ______

um ______ *vierten Mai* ______

des Jahres tausend acht hundert *acht*zig und *acht* ______

______ *nach*mittags um *ein* ______ Uhr

verstorben sei. ______

Vorgelesen, genehmigt und *unterschrieben:* ______

Christof Reiss. ______

Der Standesbeamte.

N.

Das Ableben des Vaters wird durch den Sohn angezeigt. **B. Nr. 89.**

Nr. 27. C.

Emskirchen, am *26. November* 1895.

Vor dem unterzeichneten Standesbeamten erschien heute, der Persönlichkeit nach ——— bekannt,

der *Brauerssohn Johann Fink* ———

wohnhaft zu *Emskirchen, Wolfsstrasse Haus Nr. 26* ———
und zeigte an, daß *sein Vater, der Bierbrauer und Gastwirt Simon Fink* ——— *fünfzig und drei Jahre sieben Monate* ——— alt, *katholischer* Religion
wohnhaft zu *Emskirchen bei ihm* ———
geboren zu *Rennhofen, verehelicht mit Johanna, geb. Richter* ———

Sohn des *verstorbenen Oekonomen Andreas Fink und seiner verstorbenen Ehefrau Anna, geb. Fleischmann, beide zuletzt wohnhaft zu Neuhof* ———
zu *Emskirchen in des Anzeigenden Wohnung* ———
am ——— *fünf und zwanzigsten November* ———
des Jahres tausend acht hundert *neunzig* und *fünf* ——— *nach*mittags um *sieben* ——— Uhr
verstorben sei. ———

Vorgelesen, genehmigt und *unterschrieben*: ———
Johann Fink. ———

Der Standesbeamte.

N.

Das Ableben der Mutter wird durch die verheiratete Tochter angezeigt. *B. Nr. 90.*

Nr. *21.* C.

Emskirchen, am *12. März* 1890.

Vor dem unterzeichneten Standesbeamten erschien heute, der Persönlichkeit nach ——— ——— *be*kannt,

die Schreinersehefrau Johanna Müller, geb. Schmidt ———

wohnhaft zu *Emskirchen, Ossing, Haus Nr. 101* ———
und zeigte an, daß *ihre Mutter Elisabeta Schmidt* ———

——— *fünfzig und ein Jahre sieben Monate* ——— alt, *evangelischer* Religion
wohnhaft zu *Emskirchen bei ihr* ———
geboren zu *Brunn, Ehefrau des Taglöhners Michael Schmidt*

Tochter des *verstorbenen Bahnwärters Ernst Scherzer und seiner verstorbenen Ehefrau Maria, geb. Pfund, beide zuletzt wohnhaft zu Hof* ———
zu *Emskirchen in der Anzeigenden Wohnung* ———
am ——— *elf*ten *März* ———
des Jahres tausend acht hundert *neun*zig und ———
——— *vor*mittags um *neun* ——— Uhr
verstorben sei. ———

Vorgelesen, genehmigt und *unterschrieben:* ———
Johanna Müller. ———

Der Standesbeamte.

N.

Das Ableben des Vaters wird durch ein Drittes (Hausbewohner) angezeigt. *B. Nr. 91.*
(Vergl. *B. Nr.* 89).

Nr. 27. C.

Emskirchen, am *26. November* 1895.

Vor dem unterzeichneten Standesbeamten erschien heute, der Persönlichkeit nach ——— bekannt, *der Privatier Johann Müller* ———

wohnhaft zu *Emskirchen, Wolfsstrasse, Haus Nr. 26* ——— und zeigte an, daß *der Bierbrauer und Gastwirt Simon Fink* ——— *fünfzig und drei Jahre sieben Monate* ——— alt, *katholischer* Religion wohnhaft zu *Emskirchen, Wolfsstrasse, Haus Nr. 26* ——— geboren zu *Rennhofen*, *verehelicht mit Johanna, geb. Richter* ———

Sohn des *verstorbenen Oekonomen Andreas Fink und seiner verstorbenen Ehefrau Anna, geb. Fleischmann, beide zuletzt wohnhaft zu Neuhof* ———
zu *Emskirchen, Wolfsstrasse, Haus Nr. 26* ———
am ——— *fünf und zwanzigsten November* ———
des Jahres tausend acht hundert *neunzig* und *fünf* ———
——— *nach*mittags um *sieben* ——— Uhr
verstorben sei. ———

Vorgelesen, genehmigt und *unterschrieben:* ———
Johann Müller. ———

Der Standesbeamte.
N.

Das Ableben eines Witwers wird angezeigt. **B. Nr. 92.**
(Vergl. *B. Nr.* 89).

Nr. 27. C.

Emskirchen, am *26. November* 1895.

Vor dem unterzeichneten Standesbeamten erschien heute, der Persönlichkeit nach ——— bekannt,

der Brauerssohn Johann Fink ———

wohnhaft zu *Emskirchen, Wolfsstrasse, Haus Nr. 26* ——— und zeigte an, daß *sein Vater, der Bierbrauer und Gastwirt Simon Fink* ——— *fünfzig und drei Jahre sieben Monate* ——— alt, *katholischer* Religion wohnhaft zu *Emskirchen, bei ihm* ——— geboren zu *Rennhofen, verehelicht gewesen mit der verstorbenen Johanna, geb. Richter* ———

Sohn des verstorbenen Oekonomen Andreas Fink und seiner verstorbenen Ehefrau Anna, geb. Fleischmann, beide zuletzt wohnhaft zu Neuhof ———

zu *Emskirchen in des Anzeigenden Wohnung* ——— am ——— *fünf und zwanzigsten November* ——— des Jahres tausend acht hundert *neunzig* und *fünf* ——— *nach*mittags um *sieben* ——— Uhr verstorben sei. ———

Vorgelesen, genehmigt und *unterschrieben:* ———

Johann Fink. ———

Der Standesbeamte.
N.

Anmerkung:

1. War der Verstorbene mehrfacher Witwer, dann hätte es in obiger Urkunde zu heißen: „geboren zu Rennhofen, zuletzt verehelicht gewesen mit der verstorbenen Johanna, geb. Richter."

2. War der Verstorbene zur Zeit seines Ablebens zum wiederholtenmale verheiratet, dann hätte es in obiger Urkunde zu heißen: „geboren zu Rennhofen, zuletzt verehelicht mit Johanna, geb. Richter."

Das Ableben einer Witwe wird angezeigt. **B. Nr. 93.**
(Vergl. *B. Nr.* 90).

Nr. *21.* C.

Emskirchen, am *12. März* 1*890.*

Vor dem unterzeichneten Standesbeamten erschien heute, der Persönlichkeit nach ——— bekannt,
die Schreinersehefrau Johanna Müller, geb. Schmidt ———

wohnhaft zu *Emskirchen, Ossing, Haus Nr. 101* ———
und zeigte an, daß *ihre Mutter Elisabeta Schmidt* ———

——— *fünfzig und ein Jahre sieben Monate* ——— alt, *evangelischer* Religion
wohnhaft zu *Emskirchen bei ihr* ———
geboren zu *Brunn, verehelicht gewesen mit dem verstorbenen Taglöhner Michael Schmidt* ———

Tochter des *verstorbenen Bahnwärters Ernst Scherzer und seiner verstorbenen Ehefrau Maria, geb. Pfund, beide zuletzt wohnhaft zu Hof* ———
zu *Emskirchen in der Anzeigenden Wohnung* ———
am ——— *elf*ten *März* ———
des Jahres tausend acht hundert *neun*zig und ———
——— *vor*mittags um *neun* ——— Uhr
verstorben sei. ———

Vorgelesen, genehmigt und *unterschrieben:* ———
Johanna Müller. ———

Der Standesbeamte.
N.

Anmerkung:

1. War die Verstorbene mehrfache Witwe, dann hätte es in obiger Urkunde zu heißen: „geboren zu Brunn, zuletzt verehelicht gewesen mit dem verstorbenen Taglöhner Michael Schmidt."

2. War die Verstorbene zur Zeit ihres Ablebens zum wiederholtenmale verheiratet, dann hätte es in obiger Urkunde zu heißen: „geboren zu Brunn, zuletzt verehelicht mit dem Taglöhner Michael Schmidt."

Das Ableben eines ehelichen Kindes wird durch den Vater angezeigt. ***B. Nr. 94.***

Nr. 5. C.

Emskirchen, am *2. Februar* 1890.

Vor dem unterzeichneten Standesbeamten erschien heute, der Persönlichkeit nach ——————————————— bekannt,

der Bierbrauer Georg Meyer ———————————

wohnhaft zu *Emskirchen, Marktstrasse, Haus Nr. 45* ———

und zeigte an, daß *sein Sohn Andreas Meyer* ———————

fünf Monate ——————————— alt, *evangelischer* Religion

wohnhaft zu *Emskirchen bei ihm* ———————————

geboren zu *Emskirchen* ———————————

Sohn des *Anzeigers und seiner Ehefrau Maria, geb. Wirth*

zu *Emskirchen in des Anzeigenden Wohnung* ———————

am ——————— *ersten Februar* ———————

des Jahres tausend acht hundert *neun*zig und ———————

——————— *vor*mittags um *ein halb drei* ——————— Uhr

verstorben sei. ———————————

Vorgelesen, genehmigt und *unterschrieben:* ———————

Georg Meyer. ———————————

Der Standesbeamte.

N.

Das Ableben eines ehelichen Kindes wird durch die Mutter angezeigt. **B. Nr. 95.**
(Vergl. *B. Nr.* 94).

Nr. 5. C.

Emskirchen, am 2. *Februar* 1890.

Vor dem unterzeichneten Standesbeamten erschien heute, der Persönlichkeit nach ______ *be*kannt,
die Bierbrauersehefrau Maria Meyer, geb. Wirth ______

wohnhaft zu *Emskirchen, Marktstrasse, Haus Nr. 45* ______
und zeigte an, daß *ihr Sohn Andreas Meyer* ______

fünf Monate ______ alt, *evangelischer* Religion
wohnhaft zu *Emskirchen bei ihr* ______
geboren zu *Emskirchen* ______

Sohn der *Anzeigenden und ihres Ehemannes, des Bierbrauers Georg Meyer* ______

zu *Emskirchen in der Anzeigenden Wohnung* ______
am ______ *ersten Februar* ______
des Jahres tausend acht hundert *neun*zig und ______
______ *vor*mittags um *ein halb drei* ______ Uhr
verstorben sei. ______

Vorgelesen, genehmigt und *unterschrieben:* ______
Maria Meyer. ______

Der Standesbeamte.
N.

Das Ableben eines ehelichen Kindes wird durch den Bruder angezeigt.
(Vergl. *B. Nr.* 94).

B. Nr. 96.

Nr. 5. C.

Emskirchen, am *2. Februar* 1890.

Vor dem unterzeichneten Standesbeamten erschien heute, der Persönlichkeit nach ——— bekannt,
der Bierbrauerssohn Georg Meyer ———
wohnhaft zu *Emskirchen, Marktstrasse, Haus Nr. 45* ———
und zeigte an, daß *sein Bruder Andreas Meyer* ———
fünf Monate ——— alt, *evangelischer* Religion
wohnhaft zu *Emskirchen bei ihm* ———
geboren zu *Emskirchen* ———
Sohn des *Bierbrauers Georg Meyer und seiner Ehefrau Maria, geb. Wirth, beide wohnhaft zu Emskirchen* ———
zu *Emskirchen in des Anzeigenden Wohnung* ———
am ——— *ersten Februar* ———
des Jahres tausend acht hundert *neunzig* und ———
——— *vor*mittags um *ein halb drei* ——— Uhr
verstorben sei. ———

Vorgelesen, genehmigt und *unterschrieben:* ———
Georg Meyer. ———

Der Standesbeamte.
N.

Das Ableben eines ehelichen Kindes wird durch den Stiefvater angezeigt. *B. Nr. 97.*

Nr. *10.* C.

Emskirchen, am *12. März* 1892.

Vor dem unterzeichneten Standesbeamten erschien heute, der Persönlichkeit nach ——— bekannt,

der Taglöhner Konrad Schmidt ———

wohnhaft zu *Emskirchen, Sandstrasse, Haus Nr. 28* ———
und zeigte an, daß *seine Stieftochter Maria Fleischmann* ———

——— *fünf Jahre drei Monate* ——— alt, *evangelischer* Religion
wohnhaft zu *Emskirchen bei ihm* ———
geboren zu *Emskirchen* ———

Tochter des *verstorbenen Taglöhners Michael Fleischmann, zuletzt wohnhaft zu Emskirchen, und seiner Ehefrau Maria, geb. Deininger, nun verehelichten Schmidt*)* ———
zu *Emskirchen in des Anzeigenden Wohnung* ———
am ——— *elften März* ———
des Jahres tausend acht hundert *neunzig* und *zwei* ———
——— *vor*mittags um *sieben* ——— Uhr
verstorben sei. ———

Vorgelesen, genehmigt und *unterschrieben:* ———
Konrad Schmidt. ———

Der Standesbeamte.
N.

*) Hier kann der Eintrag auch lauten: „Tochter des zu Emskirchen verstorbenen Taglöhners Michael Fleischmann und seiner Ehefrau Maria, geb. Deininger, nun verehelichten Schmidt.“

Das Ableben eines unehelichen Kindes wird durch die ledige Mutter angezeigt. **B. Nr. 98.**

Nr. *10.* C.

Emskirchen, am *12. März* 1892.

Vor dem unterzeichneten Standesbeamten erschien heute, der Persönlichkeit nach ——————————————— *be*kannt,

die unverehelichte Taglöhnerin Anna Barbara Fleischmann

wohnhaft zu *Emskirchen, Sandstrasse, Haus Nr. 28* ——
und zeigte an, daß *Maria Fleischmann* ——————————
——————————————— *fünf Jahre drei Monate* ———— alt, *evangelischer* Religion
wohnhaft zu *Emskirchen bei ihr* ————
geboren zu *Emskirchen* ————————

Tochter der *Anzeigenden* ——————————————

zu *Emskirchen in der Anzeigenden Wohnung* ———
am ———— *elf*ten *März* ————
des Jahres tausend acht hundert *neunzig* und *zwei* ——
—— *vor*mittags um *sieben* ———— Uhr
verstorben sei. ————————

Vorgelesen, genehmigt und *unterschrieben:* ——
Anna Barbara Fleischmann. ————————

Der Standesbeamte.
N.

Das Ableben eines unehelichen, durch die Heirat nicht legitimierten Kindes wird durch die nun verehelichte Mutter angezeigt. (Vergl. *B. Nr.* 98). ***B. Nr. 99.***

Nr. *10.* C.

Emskirchen, am *12. März* 1892.

Vor dem unterzeichneten Standesbeamten erschien heute, der Persönlichkeit nach ——————

—————— bekannt,

die Taglöhnersehefrau Anna Barbara Schmidt, geb. Fleischmann

——————

wohnhaft zu *Emskirchen, Sandstrasse, Haus Nr. 28* ——
und zeigte an, daß *Maria Fleischmann* ——————

——————

—————— *fünf Jahre drei Monate* —————— alt, *evangelischer* Religion
wohnhaft zu *Emskirchen bei ihr* ——————
geboren zu *Emskirchen* ——————

——————

——————

Tochter der *Anzeigenden* ——————

——————

——————

zu *Emskirchen in der Anzeigenden Wohnung* ——————
am —————— *elf*ten *März* ——————
des Jahres tausend acht hundert *neun*zig und *zwei* ——————
—————— *vor*mittags um *sieben* —————— Uhr
verstorben sei. ——————

——————

Vorgelesen, genehmigt und *unterschrieben:* ——————

Anna Barbara Schmidt. ——————

——————

Der Standesbeamte.

N.

Das Ableben eines unehelichen, durch die Heirat nicht legitimierten Kindes wird durch den Stiefvater angezeigt. (Vergl. *B. Nr.* 97). ***B. Nr. 100.***

Nr. *10.* C.

Emskirchen, am *12. März* 1892.

Vor dem unterzeichneten Standesbeamten erschien heute, der Persönlichkeit nach ——— bekannt,

der Taglöhner Konrad Schmidt ———

wohnhaft zu *Emskirchen, Sandstrasse, Haus Nr. 28* ———
und zeigte an, daß *seine Stieftochter Maria Fleischmann* ———

——— *fünf Jahre drei Monate* ——— alt, *evangelischer* Religion
wohnhaft zu *Emskirchen bei ihm* ———
geboren zu *Emskirchen* ———

Tochter der *Anna Barbara Fleischmann, nun verehelichten Schmidt* ———

zu *Emskirchen in des Anzeigenden Wohnung* ———
am ——— *elften März* ———
des Jahres tausend acht hundert *neunzig* und *zwei* ———
——— *vor*mittags um *sieben* ——— Uhr
verstorben sei. ———

Vorgelesen, genehmigt und *unterschrieben:* ———
Konrad Schmidt. ———

Der Standesbeamte.
N.

Das Ableben eines unehelichen Kindes wird durch die Pflegemutter angezeigt. ***B. Nr. 101.***

Nr. *12.* C.

Emskirchen, am *27. April 1891.*

Vor dem unterzeichneten Standesbeamten erschien heute, der Persönlichkeit nach ______ bekannt,

die Bötin Kunigunda Jordan, geb. Utzelmann ______

wohnhaft zu *Emskirchen, Marktstrasse, Haus Nr. 71a* ______

und zeigte an, daß *ihre Pflegetochter Bertha Hänfling* ______

elf Monate ______ alt, *katholischer* Religion

wohnhaft zu *Emskirchen bei ihr* ______

geboren zu *Nürnberg* ______

Tochter der *unverehelichten Köchin Sabina Hänfling, wohnhaft zu Regensburg* ______

zu *Emskirchen in der Anzeigenden Wohnung* ______

am ______ *sechs und zwanzigsten April* ______

des Jahres tausend acht hundert *neunzig* und *eins* ______

______ *nach*mittags um *fünf* ______ Uhr

verstorben sei. ______

Vorgelesen, genehmigt und *unterschrieben*: ______

Kunigunda Jordan. ______

Der Standesbeamte.

N.

Das Ableben eines verheirateten Kindes wird durch dessen Vater angezeigt. **B. Nr. 102.**

Nr. 4. C.

Ebersbach, am *5. Mai* 1888.

Vor dem unterzeichneten Standesbeamten erschien heute, der Persönlichkeit nach ——— bekannt,

der Altsitzer Wolfgang Reiss ———

wohnhaft zu *Oberalbach, Gemeinde Ebersbach, Haus Nr. 5* und zeigte an, daß *sein Sohn, der Bauer Christof Reiss* ———

——— *zwanzig und drei Jahre zwei Monate* ——— alt, *evangelischer* Religion wohnhaft zu *Oberalbach, Gemeinde Ebersbach, Haus Nr. 5* geboren zu *Oberalbach, verehelicht mit Friederika, geb. Schwarz*

———

Sohn des *Anzeigers und seiner verstorbenen Ehefrau Barbara, geb. Popp* ———

zu *Oberalbach, Gemeinde Ebersbach, Haus Nr. 5* ——— *am* ——— *vierten Mai* ——— des Jahres tausend acht hundert *acht*zig und *acht* ——— *nach*mittags um *ein* ——— Uhr verstorben sei. ———

Vorgelesen, genehmigt und *unterschrieben:* ———

Wolfgang Reiss. ———

Der Standesbeamte.

N.

Das Ableben einer fremden Person bei vorübergehendem Aufenthalte wird durch einen Hausbewohner angezeigt. ***B. Nr. 103.***

Nr. *12*. C.

Emskirchen, am *27. Mai* 1892.

Vor dem unterzeichneten Standesbeamten erschien heute, der Persönlichkeit nach ——— bekannt,

der Bierbrauer und Gastwirt Friedrich Rahmes ———

wohnhaft zu *Emskirchen, Marktstrasse, Haus Nr. 2* ———
und zeigte an, daß *der Handelsmann Moses Neu* ———

——— *fünfzig und drei Jahre sieben Monate* ——— alt, *israelitischer* Religion
wohnhaft zu *Fürth, Königsstrasse, Haus Nr. 5* ———
geboren zu *Fürth, ledigen Standes**) ———

Sohn des *Handelsmannes Hirsch Neu und seiner Ehefrau (unbekannt), beide wohnhaft zu Fürth* ———

zu *Emskirchen in des Anzeigenden Wohnung* ———
am ——— *sieben und zwanzigsten Mai*
des Jahres tausend acht hundert *neunzig* und *zwei* ———
——— *nach*mittags um *drei* ——— Uhr
verstorben sei. ———

Vorgelesen, genehmigt und *unterschrieben:* ———
Friedrich Rahmes. ———

Der Standesbeamte.
N.

*) Bei Erwachsenen ist hier stets der Familienstand zu bezeichnen.

Anzeige durch eine Person, welche weder Familienoberhaupt noch Hausbewohner ist. | **B. Nr. 104.**

Nr. 21. C.

Emskirchen, am *12. März* 1*890*.

Vor dem unterzeichneten Standesbeamten erschien heute, der Persönlichkeit nach ——— bekannt,

der Maurer Friedrich Bergler ———

wohnhaft zu *Emskirchen, Sandstrasse, Haus Nr. 54* ———
und zeigte an, daß *Elisabeta Scheller* ———

——— *fünfzig und ein Jahre sieben Monate* ——— alt, *evangelischer* Religion
wohnhaft zu *Emskirchen, Ossing, Haus Nr. 101* ———
geboren zu *Brunn, verehelicht gewesen mit dem verstorbenen Taglöhner Michael Scheller* ———

Tochter des *verstorbenen Bahnwärters Ernst Scherzer und seiner verstorbenen Ehefrau Maria, geb. Pfund, beide zuletzt wohnhaft zu Hof* ———
zu *Emskirchen, Ossing, Haus Nr. 101* ———
am ——— *elf*ten *März* ———
des Jahres tausend acht hundert *neun*zig und ———
——— *vor*mittags um *neun* ——— Uhr
verstorben sei. ———

Vorgelesen, genehmigt und *unterschrieben:* ———

Friedrich Bergler. ———

Der Standesbeamte.

N.

Eintragung auf Grund einer amtlichen schriftlichen Todesanzeige.
(Nebenregistereintrag).

B. Nr. 105.

Nr. 23.

Emskirchen, am 19. August 1895.

Gemäß Mitteilung des Königlichen I. Staatsanwaltes am Königlichen Landgerichte Fürth vom 18. August 1895 ist der Taglöhner Johann Konrad Frank, ein und fünfzig Jahre zwei Monate alt, evangelischer Religion, wohnhaft zu Emskirchen, Erlangerstraße, Haus Nr. 7, geboren zu Bottenbach, Königlichen Bezirksamts Neustadt an der Aisch, verehelicht mit Anna Barbara, geb. Walz, Sohn des verstorbenen Bauers Michael Frank und seiner verstorbenen Ehefrau Maria, geb. Landmann, beide zuletzt wohnhaft zu Bottenbach, zu Emskirchen in seiner Wohnung am siebzehnten August des Jahres tausend acht hundert neunzig und fünf vormittags um zehn Uhr tot aufgefunden worden.

(Ganzer Vordruck gestrichen).

Der Standesbeamte.
N.

Nr. O.

am ... 18 ...

Vor dem unterzeichneten Standesbeamten erschien heute, der Persönlichkeit nach ... kannt,
...
wohnhaft zu ...
und zeigte an, daß ...
... alt, ... Religion
wohnhaft zu ...
geboren zu ...
... de ...
zu ...
am ... ten ...
des Jahres tausend acht hundert ...zig und
... mittags um ... Uhr
verstorben sei ...
Vorgelesen, genehmigt und ...

Der Standesbeamte.

Die Uebereinstimmung mit dem Hauptregister beglaubigt

Emskirchen, den *19*ten *August* 1895.

Der Standesbeamte.
N.

Eintragung auf Grund einer amtlichen schriftlichen Todesanzeige.
(Nebenregistereintrag).

B. Nr. 105 a.

Nr. 6.

Emskirchen, den 5. März 1890.

Laut amtlicher Anzeige der Krankenhaus-Verwaltung Emskirchen vom 4. März 1890 ist der Dienstknecht Johann Schönleben, ein und zwanzig Jahre drei Monate alt, evangelischer Religion, wohnhaft zu Gunzendorf, Haus Nr. 3, geboren zu Gunzendorf, Sohn des Gütlers Albrecht Schönleben und seiner Ehefrau Anna, geb. Popp, beide wohnhaft zu Gunzendorf, im Krankenhause zu Emskirchen am vierten März des Jahres tausend acht hundert und neunzig vormittags um zehn Uhr verstorben.

(Ganzer Vordruck gestrichen.)

Der Standesbeamte.
N.

Nr. .... C.

.... am .... 18 ....

Vor dem unterzeichneten Standesbeamten erschien heute, der Persönlichkeit nach .... kannt,

....

....

wohnhaft zu ....

und zeigte an, daß ....

....

....

.... alt, ... Religion

wohnhaft zu ....

geboren zu ....

....

....

.... de ....

....

....

zu ....

am .... ten ....

des Jahres tausend acht hundert .... zig und

.... mittags um .... Uhr

verstorben sei ....

Vorgelesen, genehmigt und ....

....

....

Der Standesbeamte.

....

....

Die Uebereinstimmung mit dem Hauptregister beglaubigt

Emskirchen, den 5ten *März* 1890.

Der Standesbeamte.
N.

B. Nr. 106.
(Vergl. *B. Nr.* 89).

Bescheinigung
über
Todesanzeige.

Der *Bierbrauer und Gastwirt Simon Fink* ——————
ist als am *25. November* 1895 *nach*mittags um *7* Uhr dahier verstorben unter Nr. *27* des Sterberegisters eingetragen worden.

Emskirchen, am *26. November 1895.*

Der Standesbeamte.

(Siegel). N.

B. Nr. 107.
(Vergl. *B. Nr.* 89).

Zeugnis.

Der Beerdigung des Leichnams des *Bierbrauers und Gastwirts Simon Fink, dahier* ——————————————————

steht kein Hindernis im Wege.

Emskirchen, am *26. November* 1895.

Der Bürgermeister.

(Siegel). N.

B. Nr. 108.

Standesamt Emskirchen.

Emskirchen, den ....

Todesanzeige.

(Name und Stand) ....

.... Religion, ... alt,

wohnhaft zu .... beheimatet ......

Sohn
Tochter

ist am zu ....

verstorben.

Der Standesbeamte.

An die

Gemeindeverwaltung

zu ....

B. Nr. 109.

Akten-Verzeichnis

des

Standesamtes

Fach-Nr.	Akten-Nr.	Bezeichnung der Aktenstücke	Bemerkungen

Die Eintragung kann in folgender Ordnung erfolgen:

A. **Geburten.**

1. Hauptregister.
2. Sammelakt.
3. Alphabetisches Verzeichnis.
4. Register zur Kontrole über die nachträglich zu machenden Anzeigen der Vornamen der Kinder.

B. **Heiraten.**

1. Hauptregister.
2. Sammelakt.
3. Alphabetisches Verzeichnis.

C. **Sterbefälle.**

1. Hauptregister.
2. Sammelakt.
3. Alphabetisches Verzeichnis.

B. Nr. 110.

Sammelakt

zu dem

Geburtsregister

des

Standesamtes

Jahrgang 18..............

Enthaltend in chronologischer Ordnung:

a. Schriftliche Anträge, Anzeigen, Urkunden, Mitteilungen, Verfügungen, insbesondere der Aufsichtsbehörde und der Gerichte:

1. Schriftliche Geburtsanzeigen . . § 20.
2. Anzeigen von Findlingen . . . . § 24.
3. Anerkennung unehelicher Kinder . § 25.
4. Legitimation, Adoption u. s. w. . § 26.
5. Eintragung verspäteter Anzeigen . . . . . § 27.
6. Berichtigung auf gerichtliche Anordnung . . § 65.

---

b. Verhandlungen und Anordnungen des Standesbeamten:

1. Erforschung der Richtigkeit der Anzeigen . . . § 21.
2. Anerkennung unehelicher Kinder . . . . . . § 25.

B. Nr. 111.

Sammelakt

zu dem

Heiratsregister

des

Standesamtes

Jahrgang 18..............

Enthaltend in chronologischer Ordnung:

a. Schriftliche Anträge, Anzeigen, Urkunden, Mitteilungen, Verfügungen, insbesondere der Aufsichtsbehörde und der Gerichte:

1. Ehemündigkeit und Konsens . . . . § 28.
2. Ehehindernisse wegen Verwandtschaft, Schwägerschaft, Wahlverwandtschaft und Ehebruchs . . . . . § 33.
3. Wartezeit bei Witwen und geschiedenen Frauen . . § 35.
4. Verehelichung der Militärpersonen, Landesbeamten und Ausländer. Vermögensauseinandersetzung . . § 38.
5. Delegation anderer Standesbeamten . . . . § 43.
6. Aufgebot, Geburtsurkunde, Konsense . . . . . § 45.
7. Ablehnung der Eheschließung beim Bekanntwerden von Ehehindernissen . . . . § 48.
8. Bescheinigung des Aufgebotes an anderen Orten, als jenen der Eheschließung . . . . § 49.
9. Dispensation vom Aufgebote; Erlaß desselben bei lebensgefährlichen Krankheiten . . . . § 50.
10. Erkenntnisse über Auflösung, Ungiltigkeit und Nichtigkeit der Ehe . . . . § 55.
11. Berichtigung auf gerichtliche Anordnung . . . § 65.

b. Verhandlungen und Anordnungen des Standesbeamten:

1. Prüfung der Erfordernisse der Eheschließung . . § 45.
2. Aufgebot, Ort, Art, Zeit und Inhalt . . . § 46.
3. Bekanntmachung des Aufgebotes im Auslande . . § 47.

B. Nr. 112.

Sammelakt

zu dem

Sterberegister

des

Standesamtes ....

Jahrgang 18..........

Enthaltend in chronologischer Ordnung:

a. Schriftliche Anträge, Anzeigen, Urkunden, Mitteilungen, Verfügungen, insbesondere der Aufsichtsbehörde und der Gerichte:

1. Anzeige von Sterbefällen . . . . § 58.
2. Genehmigung der Aufsichtsbehörde zur Eintragung von Sterbefällen . . . . § 60.
3. Berichtigung auf gerichtliche Anordnung . . § 65.

---

b. Verhandlungen und Anordnungen der Standesbeamten:

1. Erforschung der Richtigkeit der Anzeigen . §§ 21, 58.
2. Strafen wegen versäumter Anzeige, Zwangsstrafen gegen Säumige . . . . § 68.

B. Nr. 113.

Alphabetisches Verzeichnis

zu dem

Geburts-Register

des

Standesamtes

Umfassend die Jahrgänge 1876 bis 1886.

Fortl. Nr.	Der Geborenen: Name und Vorname	Der Geborenen: Wohnort	Eingetragen im Register: Jahrg.	Eingetragen im Register: Nr.	Bemerkungen
		1876.			
1	**Adam Johann**	Hollerbach	1876	1	Legitimiert durch nachfolgende Ehe. — Sammelakt und Heiratsregister 1879 Nr 3.
2	**Arnold Kaspar**	dto.	"	4	
3	**Agatz Martin**	Mainbach	"	8	
4	**Auer Michael**	Hollerbach	"	10	Beheimatet in München.
5	**Ammon Karl**	Meyerhofen	—	—	Mitteilung des Standesamtes Aindling, Bezirksamts Aichach, im Sammelakt Nr. 1.
6	**Adam Christof**	Schönbach	—	—	Nachtrag aus 1877 Nr. 1.
		1877.			
1	**Adam Christof**	Schönbach	1877	1	

B. Nr. 114.

Alphabetisches Verzeichnis

zu dem

Heirats-Register

des

Standesamtes

Umfassend die Jahrgänge 1876 bis 1886.

Fortl. Nr.	Name und Vorname		Stand des Mannes	Wohn-ort	Ein-getragen im Register		Bemerkungen
	des Mannes	der Frau			Jahrg.	Nr.	
			1876.				
1	Schmidt Michael	Braun Anna	Maurer	R.	1876	15	Beheimatet in L.
2	Schönleben Johann	Sander Maria	Bauer	K.	—	—	Mitteilung des Standesamts K., im Sammelakt Nr. 2.
3	Scheidt Andreas	Feder Johanna	Schreiner	L.	1876	20	Ermächtigung des Standesamts L., im Sammelakt Nr. 1

B. Nr. 115.

Alphabetisches Verzeichnis

zu dem

Sterbe-Register

des

Standesamtes

Umfassend die Jahrgänge 1876 bis 1886.

Fortl. Nr.	Des Verstorbenen		Eingetragen im Register		Bemerkungen
	Name und Vorname	Wohnort	Jahrg.	Nr.	
		1876.			
1	**Popp Andreas**	H.	1876	2	Beheimatet in K.
2	**Polster Georg**	K.	—	—	Mitteilung des Standesbeamten K., im Sammelakt Nr. 5.
		1877.			
1	**Prechtel Friedrich**	H.	1877	4	Amtliche Ermächtigung zum Eintrag, im Sammelakt Nr. 8.

B. Nr. 116.

Verzeichnis

über die

von dem Standesamte *Emskirchen*

erhobenen

Gebühren und Strafen.

Fortlaufende Nummer	Name und Wohnort des Zahlungspflichtigen	Anfall der Gebühr oder Strafe am	Anlaß der Gebühr oder Strafe
1	Haber Anna in Emskirchen	3. I. 90	Heiratsurkunde
2	Bayer Johann in Emskirchen	7. II. 90	Familienstandszeugnis
3	Probst Georg in Emskirchen	9. III. 90	Verspätete Geburtsanzeige gemäß § 68.

Größe der Gebühr oder Strafe ℳ	₰	Gezahlt am	Jahrgang der ausgestellten Urkunde	Nr.	Bemerkungen
—	50	3. I. 90	1889	2	50 ₰ (fünfzig Pfennig) erhalten. Emskirchen, den 1. Februar 1890. Der Gemeindekassier. N.
—	50				
1	50	7. II. 90	1880 1882 1886	2 3 7	1 ℳ 50 ₰ (eine Mark fünfzig Pfennig) erhalten. Emskirchen, den 1. März 1890. Der Gemeindekassier. N.
1	50				
2	—	9. III. 90	1890	8	2 ℳ (zwei Mark) erhalten. Emskirchen, den 1. April 1890. Der Gemeindekassier. N.
2	—				

B. Nr. 117.

I.

Standesamtliches Familienstandszeugnis.

Aus der Ehe zwischen dem Oekonomen Konrad Schönleben und seiner Ehefrau Ursula, geb. Polster, wohnhaft zu Emskirchen, sind folgende Kinder vorhanden:

1. Georg, geboren am 7. Juli 1891 zu Emskirchen,
2. Andreas, geboren am 9. April 1893 zu Emskirchen.

Dieß bezeugt auf Grund der Standesregister

Emskirchen, den 12. Juni 1893.

Der Standesbeamte.

(Siegel). N.

Gebühr 1 ℳ
Geb.-Reg. Nr. 15.

II.

Standesamtliches Familienstandszeugnis.

I. Aus der 1. Ehe des Oekonomen Konrad Schönleben zu Emskirchen mit seiner am 1. Juli 1889 zu Emskirchen verstorbenen Ehefrau Anna, geb. Billmann ist folgendes Kind vorhanden:

1. Margareta, geboren am 17. Oktober 1886 zu Emskirchen.

II. Aus der 2. Ehe des Oekonomen Konrad Schönleben mit Ursula, geb. Polster, sind folgende Kinder vorhanden:

1. Georg, geboren am 7. Juli 1891 zu Emskirchen.
2. Andreas, geboren am 9. April 1893 zu Emskirchen.

Dieß bezeugt auf Grund der Standesregister

Emskirchen, den 12. Juni 1893.

Der Standesbeamte.

(Siegel). N.

Gebühr 1 ℳ 50 ₰
Geb.-Reg. Nr. 15.

B. Nr. 118.

Geburts-Liste

zur

Rekrutierungs-Stammrolle

der

Gemeinde: *Emskirchen*

Verwaltungsbezirk: *Neustadt a. A.*

Regierungsbezirk: *Mittelfranken*

enthaltend

die in der Gemeinde *Emskirchen* im Kalenderjahre 1877 geborenen männlichen Personen, mit gleichzeitiger Bezeichnung derjenigen derselben, welche bis 31. Dezember *1893* einschließlich ebendaselbst gestorben sind.

Abgeschlossen

Emskirchen, den *15.* Januar 1*894*.

Der Standesbeamte.

(L. S.) N.

(1. Seite.) | (2. Seite.)

Laufende Nummer	Zuname	Vorname	Geburts-			Nummer der Pfarrmatrikel, bezw. des Civilstandsregisters	Name und Stand des Vaters	Name der Mutter	Ob der Militärpflichtige lebt oder gestorben ist.	Sterbe-			Nummer, unter welcher die Uebertragung in die Stammrolle stattgefunden hat.	Bemerkungen.
	Dauernder Aufenthalt (event. Wohnsitz).		Tag	Monat	Jahr		deren Aufenthalt (Wohnsitz), dann ob sie leben oder gestorben sind.			Jahr	Monat	Tg.		
1.	Haber in Emskirchen	Johann	15	Mai	1877	6	Johann Haber, Maurer in Emskirchen, lebt	Anna Haber, geb. Höfler, gestorben	lebt					
2.	Popp in Emskirchen	Christian	11	Februar	1877	3		Christine Popp, ledige Taglöhnerin in Emskirchen, lebt	gestorben	1893	August	20		

Die Richtigkeit und Vollständigkeit der Uebertragung aus dem Civilstandsregister attestiert unter Beidrückung des Amtssiegels.

Emskirchen, den 15. Januar 1894.

Der Standesbeamte.

(L. S.) N.

B. Nr. 119.

B.

Auszug

aus dem

Sterberegister des Standesamtes,

enthaltend

die in der Gemeinde *Emskirchen*

im Jahre 1895

vorgekommenen Sterbefälle

von *3* männlichen Personen

im Alter bis zu 25 Jahren.

Die Richtigkeit und Vollständigkeit der Uebertragung aus dem Standesregister bescheint

Emskirchen, den *15ten Januar* 1896.

Der Standesbeamte.

(L. S.) N.

(1. Seite). | (2. Seite).

Zuname	Vorname	Alter womöglich Tag, Monat, Jahr der Geburt	Religion	Geburtsort und Verwaltungsbezirk	Des Vaters Vor- und Zuname, sowie Stand	Der Mutter Vor- und Zuname (bei unehelichen Geburten auch Stand)	Sterbe- Tag	Sterbe- Monat	Sterbe- Jahr	Nummer des Sterberegisters
Körner	**Johann**	7. Januar 1876	evangelisch	Emskirchen, Kgl. Bezirksamts Neustadt a. A.	**Christof Körner,** Zimmermann	**Anna,** geb. Beyer	8	Mai	1895	29

Bemerkungen:

B. Nr. 120.

Liste

der zur

Erstimpfung vorzustellenden Kinder

im Jahre 1894.

Gemeinde: *Emskirchen.*

Laufende Nummer	Der zur Erstimpfung vorzustellenden Kinder: Vor- und Zuname	Der zur Erstimpfung vorzustellenden Kinder: Jahr und Tag der Geburt	Des Vaters, Pflegevaters oder Vormundes: Name	Des Vaters, Pflegevaters oder Vormundes: Stand und Wohnung	Zahl der vorangegangenen Impfungen	Tag der Impfung	Angabe, woher die Lymphe genommen	Art der Impfung, Mit Menschen-Lymphe: von Körper zu Körper	Art der Impfung, Mit Menschen-Lymphe: Glyzerinlymphe	Art der Impfung, Mit Menschen-Lymphe: anders aufbewahrter	Art der Impfung, Mit Tier-Lymphe: von Körper zu Körper	Art der Impfung, Mit Tier-Lymphe: Glyzerinlymphe	Art der Impfung, Mit Tier-Lymphe: anders aufbewahrter
1	2	3	4	5	6	7	8	9	10	11	12	13	14
	Brendel Johann	7. Februar 1893	Brendel Andreas	Bäcker, Emskirchen									
	Friedrich Anna	12. Januar 1893	Vormund: Gärtner Josef	Bahnarbeiter, Emskirchen									
				Gefertigt Emskirchen, den 15. Februar 1894. Der Standesbeamte. (L. S.) N.									
	Oeder Georg	12. Juli 1893	Oeder Friedrich	Taglöhner, Emskirchen									

Abgeschlossen mit der Bestätigung, daß
Gemeinde nicht wohnhaft sind.

Emskirchen, den

Der Bürger

(L. S.) N.

Zahl der gemachten Impfschnitte oder Impfstiche	Ob zur Nachschau vorgestellt und an welchem Tage	War die Impfung von Erfolg?	Zahl der entwickelten Pusteln	Die Impfung ist unterblieben wegen:							Es ist demnach in die nächstjährige Liste für Erstimpfungen zu übertragen	Bemerkungen
				erfolgten Todes	Wegzuges	Nichtauffindbarkeit oder zufälliger Ortsabwesenheit	Ueberstehens der natürlichen Blattern	vorangegangener erfolgreicher Impfung	ärztlich bezeugter Gefahr für Leben oder Gesundheit	vorschriftswidriger Entziehung		
15	16	17	18	19	20	21	22	23	24	25	26	27
												Am 19. Februar 1894 nach Neustadt a. A. verzogen.
												Von Fürth am 16. Oktober 1893 hieher gezogen.

weitere impfpflichtige Kinder in hiesiger

1. März 1894.
meister.

B. Nr. 121.

A. Jahr 1893. *II.* Quartal.

Geburt.

Standesamt: *Emskirchen.*

Bezirksamt: *Neustadt a. A.*

---

1. Nummer im Geburtsregister: .... Für Totgeborene im Sterberegister: ....

2. Gemeinde, in welcher die Niederkunft stattgefunden hat: ....

3. Zeit der Geburt: Monat: .... Tag: .... Stunde: .... Uhr .... mittag.

(NB. Von Mitternacht bis Mittag = Vormittag; von Mittag bis Mitternacht = Nachmittag.)

4. Falls eine Zwillings-, Drillings- 2c. Geburt in Frage ist: Wie viel Knaben? .... Mädchen? .... Im Ganzen? ....

Nummern des Registers, unter welchen die übrigen zur Mehrgeburt gehörigen Geborenen eingetragen sind: ....

5. Ob lebend oder totgeboren? ....

6. Ob männlich oder weiblich? ....

7. Ob ehelich oder unehelich geboren? ....

8. Religionsbekenntnis des Vaters: .... der Mutter: ....

9. Stand, Beruf oder Gewerbe des Vaters: ....

bei unehelicher Geburt: der Mutter: ....

Nicht vorgekommen!

10. Bemerkungen: z. B. ob und in welcher öffentlichen Anstalt, oder auf See geboren, oder Findling u. s. w.

B. Nr. 122.

E.-Nr. . . .. Emskirchen, den

Der Standesbeamte
zu Emskirchen.

An das
Kgl. statistische Bureau
in
München.

Betreff:
Bedarf an Zählkarten.

Der Vorrat an Zählkarten für das hiesige Standesamt ist vollständig aufgebraucht und wolle Kgl. statistisches Bureau für die laufende Periode noch

25 Karten, Form. A
10 Karten, Form. B
30 Karten, Form. C

baldgütigst anher senden.

Der Standesbeamte.

N.

B. Nr. 123.

A. Jahr 1890. *II.* Quartal.

Geburt.

Standesamt: *Emskirchen.*

Bezirksamt: *Neustadt a. A.*

---

1. Nummer im Geburtsregister: *7.* Für Totgeborene im Sterberegister: —

2. Gemeinde, in welcher die Niederkunft stattgefunden hat: *Emskirchen.*

3. Zeit der Geburt: Monat: *April* Tag: *9* Stunde: *2* Uhr *vor*mittag.
(NB. Von Mitternacht bis Mittag = Vormittag; von Mittag bis Mitternacht = Nachmittag)

4. Falls eine Zwillings-, Drillings- rc. Geburt in Frage ist: Wie viel Knaben? — Mädchen? — Im Ganzen? —

Nummern des Registers, unter welchen die übrigen zur Mehrgeburt gehörigen Geborenen eingetragen sind: ——

5. Ob lebend oder totgeboren? *lebend.*

6. Ob männlich oder weiblich? *weiblich.*

7. Ob ehelich oder unehelich geboren? *unehelich.*

8. Religionsbekenntnis des Vaters: ——
der Mutter: *evangelisch.*

9. Stand, Beruf oder Gewerbe des Vaters: ——

bei unehelicher Geburt: der Mutter: *Dienstmagd.*

10. Bemerkungen: z. B. ob und in welcher öffentlichen Anstalt, oder auf See geboren, oder Findling u. s. w.

B. Nr. 124.

A. Jahr 1891. *III.* Quartal.

Geburt.

Standesamt: *Emskirchen.*

Bezirksamt: *Neustadt a. A.*

---

1. Nummer im Geburtsregister: — Für Totgeborene im Sterberegister: *7.*

2. Gemeinde, in welcher die Niederkunft stattgefunden hat: *Emskirchen.*

3. Zeit der Geburt: Monat: *August* Tag: *7* Stunde: *3* Uhr *nach*mittag.
(NB. Von Mitternacht bis Mittag = Vormittag; von Mittag bis Mitternacht = Nachmittag.)

4. Falls eine Zwillings-, Drillings- rc. Geburt in Frage ist: Wie viel Knaben? *1* Mädchen? *1* Im Ganzen? *2*

Nummern des Registers, unter welchen die übrigen zur Mehrgeburt gehörigen Geborenen eingetragen sind: *8.*

5. Ob lebend oder totgeboren? *totgeboren.*

6. Ob männlich oder weiblich? *männlich.*

7. Ob ehelich oder unehelich geboren? *ehelich.*

8. Religionsbekenntnis des Vaters: *katholisch.* der Mutter: *katholisch.*

9. Stand, Beruf oder Gewerbe des Vaters: *Schreinermeister.*

bei unehelicher Geburt: der Mutter: ——

10. Bemerkungen, z. B. ob und in welcher öffentlichen Anstalt, oder auf See geboren, oder Findling u. s. w.

B. Nr. 125.

B. Jahr 1893. *IV.* Quartal.

Eheschließung.

Standesamt: *Emskirchen.*

Bezirksamt: *Neustadt a. A.*

---

1. Nummer im Heiratsregister: *14.*

2. Zeit der Eheschließung: Monat *November* Tag *11.*

3. Datum der Geburt: (Tag, Monat, Jahr) { des Mannes: *12. März 1864.* / der Frau: *20 Mai 1868.*

4. Religionsbekenntnis: { des Mannes: *evangelisch.* / der Frau: *evangelisch.*

5. Bisheriger Familienstand: (d. h. ob ledig, verwitwet, geschieden) { des Mannes: *verwitwet.* / der Frau: *ledig.*

6. Stand, Beruf oder Gewerbe: { des Mannes: *Schuhmachermeister.* / der Frau (wenn sie sich vor der Eheschließung selbständig ernährte): *Näherin.*

7. Etwaige Blutsverwandtschaft der Eheschließenden unter sich:

   a) Geschwisterkinder? *Nein.*
   b) Onkel und Nichte? *Nein.*
   c) Neffe und Tante? *Nein.*

   (Gegebenen Falles mit „Ja" zu bezeichnen.)

8. Die Heiratsurkunde wurde durch Namensunterschrift vollzogen seitens:

   des Mannes: *Ja.*
   der Frau: *Ja.*

   (mit „Ja" bezw. „Nein" zu bezeichnen.)

9. Wenn durch die Heirat uneheliche Kinder legitimiert wurden, ist hier die Zahl dieser Kinder anzugeben: ______

B. Nr. 126.

C. Jahr 1894. *I.* Quartal.

Sterbfall.

Standesamt: *Emskirchen.*

Bezirksamt: *Neustadt a. A.*

---

1. Nummer im Sterberegister: *9.*

2. Gemeinde, in welcher der Sterbfall erfolgt ist: *Emskirchen.*

3. Zeit des Sterbfalls: Monat: *Februar* Tag: *12* Stunde: *1* Uhr *nach*mittag.
(NB. Von Mitternacht bis Mittag — Vormittag; von Mittag bis Mitternacht — Nachmittag.)

4. Geschlecht des Verstorbenen: *männlich.*

5. Alter des Verstorbenen in Jahren und Monaten: *64 Jahre 5 Monate.*

6. Familienstand des Verstorbenen:

   a) ob ledig, verheiratet, verwitwet, geschieden? *verheiratet.*

   b) bei Kindern unter 15 Jahren: ob ehelich oder unehelich: ———

7. Religionsbekenntnis des Verstorbenen: *evangelisch.*

8. Stand, Beruf oder Gewerbe

   a) des Verstorbenen selbst: *Taglöhner.*

   b) bei nicht erwerbsthätigen Kindern unter 15 Jahren des Vaters: ———

   c) bei vaterlosen Kindern: der Mutter: ———

Bemerkungen: z. B. ob und in welcher öffentlichen Anstalt, oder auf See verstorben, oder aufgefundene Leiche: ———

B. Nr. 128.

E.-Nr...................... Emskirchen, den 5. Januar 18............

Der Standesbeamte
von Emskirchen.

An das
Kgl. Bezirksamt
Neustadt a. A.

Betreff:
Geburten, Verehelichungen und Sterbefälle in adeligen Familien pro 18.............

Gehorsam Unterzeichneter beehrt sich hiemit dem Kgl. Bezirksamte Neustadt a. A. in nebigem Betreffe

Fehlanzeige!

zu erstatten.

Gehorsam!

Der Standesbeamte.

N.

B. Nr. 127.

Verzeichnis

der

im Regierungsbezirke..

im Verwaltungsjahre 18..............

vorgekommenen

Geburten, Eheschließungen und Sterbefälle

in

Adeligen Familien

nach den verschiedenen Adels-Graden alphabetisch geordnet.

Mit .... Beilagen.

Nr. curr.	Namen	Stand resp. Eltern (der letzteren Namen und Stand)	Geboren am Tag	Monat	Jahr
	Zum Beispiel:		A. Fürsten-Klasse.		
1	(Geschlechtsname, Taufnamen) Fürst von,	Sohn des Fürsten N. N. von N. (Stand) und dessen Gemahlin N. N. geb. N.	20	April	1875
			B. Grafen-Klasse.		
1	(Geschlechtsname, Taufnamen) Graf von, geboren den . . . zu . . .	Major im x-Regiment, Sohn des N. N. Grafen von N. (Stand) und der N. N. geb. von N.			
2	(Geschlechtsname, Taufnamen) Graf von, geboren den . . . zu . . .	Sohn des (Stand) N. N. Grafen von N. N. und der N. N. geb. N.			
			C. Freiherrn-Klasse.		
1	(Geschlechtsname, Taufnamen) Freiherr von, geboren den . . . zu . . .	(Stand des Verstorbenen)			
2	(Geschlechtsname, Taufnamen) Freiin von geboren den . . . zu . . .	Tochter, Gemahlin oder Witwe des N. N. Freiherrn von			
			D. Ritter-Klasse.		
	N. N.	N.			
			E. Adels-Klasse.		
	N. N.	N.			

Verehelicht				Gestorben			Nummer der Belege	Bemerkung
am			mit	am				
Tag	Monat	Jahr		Tag	Monat	Jahr		
							1	
30	Mai	1875	N. N. geboren den . . . zu . . . . Tochter des (Stand) N. N. Freiherrn von N. und der N., geb. von N.				2	
				15	Juni	1875	3	
				20	Mai	1875	4	
				10	Juni	1875	5	
							6	
							7	

B. Nr. 129.
(Vergl. *B. Nr.* 89).

Todes-Anzeige

der Ortspolizeibehörde *Emskirchen.*

I. Der verlebten Person	
1) Vor- und Zuname,	Zu 1. *Simon Fink.*
2) Alter,	Zu 2. *53 Jahre 7 Monate.*
3) Stand,	Zu 3. *Bierbrauer und Gastwirt.*
4) ob ledig, verheiratet, verwitwet?	Zu 4. *verheiratet.*
5) Zeit des Todes (Jahr, Monat, Tag, Stunde), Krankheit,	Zu 5. *25. November 1895 nachmittags 7 Uhr.*
6) Ort, wo die verlebte Person starb (Straße oder Platz, Hausnummer, Stockwerk),	Zu 6. *Emskirchen, Wolfsstrasse, Haus Nr. 26.*
7) deren ständiger Wohnort oder wenn die verlebte Person keinen solchen hatte, deren Heimat,	Zu 7. *Emskirchen.*
II. Ob eine letztwillige Verfügung, ein Ehe- oder Erbvertrag der verlebten Person vorhanden ist, und wo sich die hierüber aufgenommenen Urkunden befinden?	Zu II. *Testament vom Jahre 1882 befindet sich bei Herrn Kgl. Notar in Markt-Erlbach.*

III. Ob dieselbe ein Vermögen hinterließ? — bewegliches oder unbewegliches? — ob der Wert des Nachlasses ohne Abzug der Schulden sich voraussichtlich auf den Betrag von mehr oder weniger als 2000 *M.* belaufen wird? — was vorläufig zu dessen Sicherung geschah und in wessen Besitz sich das bewegliche Vermögen befindet?	Zu III. ***Hinterlässt Haus- und Grundbesitz, sowie ein grösseres Kapitalvermögen. — Der Gesamtnachlass beträgt mehr als 2000 Mark.***
IV. Hinterlassene Personen:	
1) Name und Aufenthalt des überlebten Ehegatten,	Zu 1. *Johanna Fink, geb. Richter, wohnhaft zu Emskirchen, Wolfsstrasse, Haus Nr. 26.*
2) Kinder,	
a) Name, Stand und Aufenthalt der großjährigen,	Zu 2. a. *Anna, verehelicht mit dem Brauer Georg Roth, wohnhaft in Nürnberg.*
b) Name und Alter der minderjährigen (noch nicht 21 Jahre alten),	Zu 2. b. *Christof Fink, geboren am 17. Mai 1880.*
3) Name, Stand und Wohnort der überlebenden Eltern, Großeltern und Geschwister,	Zu 3. ————
4) Name, Stand und Wohnort der sonstigen nächsten Verwandten:	Zu 4. ————

V. Wenn sich unter den hinterlassenen Personen (IV.) solche befinden, welche wegen Minderjährigkeit oder aus anderen Gründen (Geistesschwäche, Verschwendung, Abwesenheit) einer Pflegschaft bedürfen, ist womöglich anzugeben, wer als Vormund oder Curator für sie bestellt ist oder in Vorschlag gebracht werden kann.	Zu V. *Als Vormund für Christof wird der Bäckermeister Andreas Fink in Emskirchen in Vorschlag gebracht.*
VI. Ob die verlebte Person zur Zeit des Todes das Amt eines Vormundes oder Curators bekleidete, und für wen?	Zu VI. *Der Verstorbene war über Michael Ernst zu Emskirchen, geb. 7. Juli 1888, Vormund.*

Geht unter Umschlag an das *Kgl. Amtsgericht Markt-Erlbach.*

Emskirchen, den *26. November 1895.*

Gehorsam!

Der Bürgermeister.

N.

Bemerkungen.

Zu I. 1. Bei unehelichen Kindern ist immer der Familienname der Mutter und nach diesem auch noch der des Vaters anzugeben, wenn das Kind den väterlichen Familiennamen geführt hat.

Zu I. 7. ist eine besondere Anzeige nur dann erforderlich, wenn die verlebte Person außerhalb ihres ständigen Wohnsitzes gestorben ist.

Zu III. bedarf es keiner näheren Angabe einzelner Vermögensstücke oder bestimmter Summe.

Zu IV. 2. sind eheliche und uneheliche, leibliche und durch Wahlverwandschaft erworbene Kinder, sowie auch schon früher verstorbene, wenn sie weitere Nachkommen hinterließen, mit genauer Bezeichnung der Letzteren anzuführen. — Das Alter der minderjährigen Kinder ist wo möglich durch Angabe ihrer Geburtstage zu bezeichnen.

Zu IV. 3. bedarf es nur dann einer Anzeige, wenn keine ehelichen Kinder oder Kindeskinder vorhanden sind und ebenso

Zu IV. 4. nur dann, wenn zu IV. 3. keine Personen vorhanden sind, welche mit der verlebten Person durch eheliche Abstammung verwandt waren.

Alphabetisches Verzeichnis der Beilagen.

A.

B.

C.

V.

W.

Z.

Alphabetisches Sachregister.

A.

B.

H.

J.

K.

L.

M.

N.

T.

U.

FSC
www.fsc.org
MIX
Papier | Fördert gute Waldnutzung
FSC® C083411

Kolibri 360 GmbH
Ferdinand-Jühlke-Straße 7
99095 Erfurt, Deutschland
produktsicherheit@kolibri360.de